발바닥 전도왕의
살아있는 전도사례집

권경식 장로 지음

발바닥 전도왕의
살아있는 전도사례집

저　　자 권경식

저작권자 권경식

1판 1쇄 발행 2020년 11월 27일

발 행 처 하움출판사
발 행 인 문현광
편　　집 유별리
주　　소 전라북도 군산시 축동안3길 20, 2층(수송동)
I S B N 979-11-6440-709-5

홈페이지 http://haum.kr/
이 메 일 haum1000@naver.com

좋은 책을 만들겠습니다.
하움출판사는 독자 여러분의 의견에 항상 귀 기울이고 있습니다.

이 도서의 국립중앙도서관 출판예정도서목록(CIP)은 서지정보유통지원시스템 홈페이지(http://seoji.nl.go.kr)와
국가자료종합목록 구축시스템(http://kolis-net.nl.go.kr)에서 이용하실 수 있습니다.(CIP제어번호 : CIP2020046253)

발바닥 전도왕의

살아있는
전도사례집

발바닥 전도왕 권경식 장로 지음

보국 훈장 광복장 수상
국가유공자

추천사

『전도는 어명이다』 저자
부산 말씀 교회 담임목사 김두식

　총동원 전도주일을 위해 발로 뛰어 '42일 동안 3170명'을 교회로 인도한 대한민국 최고의 전도왕 권경식 장로님의 전도사례집이 책으로 출판되는 것을 진심으로 환영하고 축하하며, 한국교회 온 성도들의 필독서로 추천합니다.

　한국교회는 점점 초고령화가 되어 가고, 출산하지 않는 역피라미드 구조로 바뀌어 가는 위기 가운데 있습니다. 예수님의 지상명령인 전도에는 거의 관심 없고, 세상 지식에만 유식하고 세상 문화의 첨단만을 달리며, 호의호식하고 성공출세하는 것이 축복인 줄 알고 있습니다. 이런 때에, 대한민국을 발바닥으로 밟으며 영혼을 살려 내는 권경식 장로님의 구령의 열정과 노하우로 가득한 전도사례집이 발간되면, 전도에 무관심하고 구령의 열정조차 상실해 버린 성도들에게 도전과 충격뿐만 아니라 큰 도움을 줄 것입니다. 우리가 발로 밟는 그 땅을 우리에게 주실 하나님을 믿으며, 전도왕 권경식 장로님의 열정과 노하우를 전수받고 우리도 전도왕들이 됩시다!

마산동부교회 담임목사 이용우

할렐루야! 모든 영광 하나님께 돌립니다.

권경식 장로님 사랑하고 존경합니다.

삶이란 수많은 만남 속에서 펼쳐 가는 한 편의 대하드라마라고 봅니다.

인생의 드라마 속에는 희로애락이 녹아 있고 하나님의 구원의 역사와 더불어 인간의 회개와 변화로 감동을 주는 간증과 삶이 담겨 있어서 많은 사람들의 심금을 울리고 감동을 주기도 하며 분노를 일으키게도 합니다.

제가 만난 많은 사람 가운데 특별히 감동을 주고 존경하는 한 분이 있다면 안강제일교회 권경식 장로님으로 그는 세계에 알려진 발바닥 전도왕이십니다.

지금 시대는 종말의 시대임을 깨달아 교회 본질을 회복하는 새로운 도전과 눈물의 기도와 복음의 외침이 살아나야 할 것입니다.

저는 장로님이 쓰신 전도사례집이 다시 한국교회를 깨우고 교회를 회복하는 밑거름이 되리라는 큰 기대를 합니다.

지금이야말로 제2의 종교개혁이 필요하고 신앙의 본질을 회복해야 하는 새로운 도전과 출발점이 되어야 할 시대인 것입니다.

장로님의 신앙이 한국교회에 신선한 충격을 주고 새로운 미래로 나아가도록 하는 시금석이 되고 영적인 도전을 불러일으키는 작은 불씨가 되기를 바랍니다.

한국교회와 지도자들이 정치화되고 제도화되어 인본주의가 판을 치는 병든 시대, 예수님이 예루살렘을 보시면서 예루살렘아! 예루살렘아! 탄식하시던 그때가 오늘이 아닌지 두려운 마음으로 시대상을 보고 있습니다. 은혜가 떠나고 율법과 제도를 강조하던 어두웠던 그 시대에 오순절 성령의 강림으로 제자들이 복음의 능력을 회복하고 거리로 뛰어 나가 복음의 증인으로 목숨을 걸고 복음을 외쳤던 초대교회로 돌아가는 축복이 있기를 바라고 그와 마찬가지로 권경식 장로님의 생생한 간증과 도전이 한국교회에 신선한 충격을 주어 교회의 본질로 돌아가야 할 것입니다.

장로님 존경합니다. 약 30년 전 시골 읍 단위에서 생명을 걸고 총력 전도를 하셔서 6·25의 격전지로 많은 피를 흘렸던 안강전투지역인 안강에 예비군 중대장이었던 한 사람인 권경식 장로님을 통하여 생명의 태풍이 불어와 버스 14대를 동원하여 안강읍 인근 골짜기 마을마다 많은 사람들이 하던 일손을 멈추고 구름 떼와 벌 떼와 같이 몰려와 인산인해를 이루었던 그때의 감격이 회복되기를 바랍니다.

무명이었던 권경식이라는 한 사람으로서 전도에 미쳐 3170명을 전도함으로 한국교회에 발바닥 전도 왕으로 충격을 주었던 장로님! 존경합니다.

꿈이 있고 믿음이 있고 열정을 가지고 도전하여 전도하는 사람을 하나님이 사용하시고 축복하신다는 간증이 잠자고 있는 한국교회와 코로나19로 전도의 문이 막혀 의기소침해 있는 한국교회를 다시 깨우는 파수꾼이 되기를 바랍니다.

바라기는 이 책을 통하여 제2, 제3의 권경식 장로님이 나오기를 기대합니다.

장로님을 존경하고 사랑합니다.

contents

이 책을 내면서

한국 교회 목사님, 장로님, 성도님, 여러분을 사랑하며 축복합니다.

저는 전도왕이 되고 장로가 되면서 머릿속에 늘 생각하는 것이 있습니다. 바로 어떻게 하면 한국교회를 부흥시키고 예수그리스도의 계절을 앞당길 수 있을까 하는 것입니다. 이 고민을 늘 생각하고 해결하기 위해 기도하고 있습니다.

그러던 어느 날 머릿속에 떠오른 생각이 있었습니다. 교회 대표인 장로님들이 직접 전도를 한다면 한국 교회 제2의 부흥이 오리라는 확신이 그것입니다. 따라서 지금까지 전도한 사람들에 관한 사례를 기록하며 전도왕이 되기까지의 간증과 전도왕이 된 이후의 복음전파 활동, 장로가 되어서 지역 사회 발전을 위해 꿈과 비전을 가지고 활동한 사항과 한량없는 축복을 받은 체험을 기록하여 그 책을 세상에 내어서 알려야겠다는 결심을 하였습니다.

장로는 교회 대표를 뜻합니다. 세례교인 30명마다 한 분의 장로를 세울 수 있습니다.

우리나라의 장로님은 수십만 명인 줄로 압니다.

교회성장은 장로의 꿈과 비전에 달려 있습니다.

장로님들이 천하보다 귀한 영혼의 관심을 가지고 전도하면 교회는 반드시 부흥성장이 될 줄로 믿습니다.

장로가 전도하는데 교회성도님들이 구경하고 방관꾼이 되는 그런 교회는 이 지구상에 없습니다.

예수를 믿는다면 예수님의 말씀을 따라야 하고 그분이 이 땅에 오셔서 우리의 죄를 위해서 십자가에서 목숨을 내어 놓고 돌아가셨음을 믿고 우리가 그분의 제자임을 알아야 합니다.

참된 제자가 되는 길은 그분을 닮아 가고 그분의 삶을 따라가는 길입니다.

이것이 진정 제자가 되는 길이고 참된 신앙인이 되는 길입니다.

이르시되 우리가 다른 가까운 마을들로 가자 거기서도 전도하려니 내가 이를 위해서 왔노라 하시고 이에 갈릴리에 다니시며 그들의 여러 회당에서 전도하시고 또 귀신들을 내쫓으시더라.

(막1장38-39)

예수님이 이 땅에 오신 것은 전도하기 위함이라 말씀하셨습니다. 예수님은 이 말씀대로 온 갈릴리에 다니시며 병자를 고쳐 주시고 전도하셨습니다.

따라서 우리의 사명은 전도입니다. 나의 사명도 전도입니다.

한국교회 장로님들이 이 사명을 성도들과 함께 감당할 때 반드시 한국교회 제2의 부흥이 도래하고 예수 그리스도의 계절이 앞당겨질 줄로 확신합니다.

세상에서 제일 무서운 사람은 기도하고 행동으로 옮기는 사람입니다.

세상에서 제일 어리석은 사람은 새롭게 시작하지 못하는 사람과 새롭게 결단하지 못하는 사람입니다. 바보는 계획만 합니다.

세상에서 제일 불행한 사람은 죽도록 사랑하는 교회가 없는 사람입니다.

죽도록 사랑해야 될 교회가 내가 다니는 우리교회인 줄로 믿으시기 바랍니다.

세상에서 제일 불쌍한 성도는 복음을 전해 보지 못하고 한 명도 전도해 보지 못한 성도입니다.

이런 성도님은 우리 교회에 한 분도 없는 줄로 믿습니다.

이제 우리가 세상에 나가서 복된 소리, 기쁜 소리, 굿 뉴스Good News 복음을 전해야 합니다.

우리는 얼마 가지 않아서 하나님 심판대에 섭니다.

그때 충성된 종이 되기 위해서는 지금부터 우리 주위에 예수 믿지 않는 불신자들에게 복음을 전하여야 합니다. 이렇게 전도할 때 우리의 이름이 저 하늘 생명책에 기록될 줄로 믿습니다.

혼자 가면 길이 되고 함께 가면 역사가 됩니다.

혼자 가면 빨리 가고 함께 가면 멀리 갑니다.

혼자 꾸는 꿈은 꿈일 뿐이지만 담임목사님, 장로님들과 전 성도님들이 함께 꾸는 꿈은 반드시 현실이 되어서 부흥성장하게 될 줄로 믿습니다.

책이 세상에 출간되기까지 늘 곁에서 기도로 후원해 주신 집사람 윤정자 권사에게 진심으로 감사드리며 아버지 건강과 뒷바라지에 헌신한 3남매에게도 사랑과 고마운 마음을 전합니다.

하움출판사 문현광 대표와 편집에 불철주야 헌신적으로 도와주신 유별리 편집자에게도 깊은 감사를 드립니다. 부산 말씀교회 김두식 목사님, 마산 동부교회 이용우 목사님에게도 바쁜 목회 일정에도 불구하고 첫마디에 추천글 부탁을 쾌히 승낙해 주셔서 진심으로 감사를 드립니다.

땅 끝까지 복음이 전파될 수 있는 곳이라며 때와 장소를 가리지 않고 달려가서 주님이 주신 사명을 잘 감당하여 주님 앞에 섰을 때 잘했다 칭찬받는 종이 되기를 간절한 마음으로 기도 드립니다. 아멘!

발바닥 전도왕의
살아있는 전도사례집

Chapter 1 ——————

신앙결단
마음의 결단

무슨 일이든 나의 마음가짐에 달렸다

세상만사 마음먹기 달렸다.

마음이 품거나 믿는 것은 무엇이든지 성취할 수 있다.

마음이 없으면 핑계만 보이고 마음이 있으면 길이 보인다.

우리교회 부흥은 내가 마음먹기 달렸다.

우리 교회 부흥을 위해서 내가 순종과 희생을 각오한다.

우리 교회 부흥을 위해서 내가 전도왕에 도전한다.

출발할 때 기적을 낳습니다.

순종할 때 기적을 낳습니다.

감사할 때 기적을 낳습니다.

자신감이 기적을 낳습니다.

반복이 기적을 낳습니다.

최선을 다할 때 기적을 낳습니다.

생각을 바꾸면 세상이 바뀐다.

성공하려면 망설이지 말고 머뭇거리지 말아라.

흐지부지 하지 말고 기다리지 말아라.

성공하려면 사람들 앞에 서는 걸 즐겨야 한다.

'언젠가 할 것이다'를 '오늘 할 것이다'로 바꾸어라

내 인생에 한계는 없다. 나는 날마다 도전한다.

뜻을 이루는 데는 늦었다는 법이 없습니다.

바보는 계획만 한다.

바보는 남을 탓한다.

꿈이 있는 한 나이는 없다.

전도에는 정년퇴임이 없다.

100번 이상 찾아가고 500번 이상 전화하고 1000번 이상 기도
하자.

나는 3명 전도하여 우리교회 부흥하는 데 최선을 다하겠습
니다.

나는 100명 이상 전도하여 전도왕이 될 수 있습니다(3번 복창).

전도 구호

전도 나가면 있고 안 나가면 없다

전도 찾으면 있고 안 찾으면 없다

전도 말하면 있고 말 안 하면 없다

전도 만나면 있고 안 만나면 국물도 없다

하면 된다. 할 수 있다. 해 보자!

나가자. 만나자. 전하자!

초청표어

나 한 사람 입을 열면 수많은 사람 행복해지고

나 한 사람 입을 열면 수많은 사람 천국 간다.

전도 성공법

백 가지 기술이 있어도 성실 하나만 못하고 천 가지 생각이 있

어도 한 번의 행동만 못하다

멈추지 말고 시도해 보아라(기회는 노력하는 사람에게 찾아온다).

인생은 끝없는 도전이다(무덤 속에 갈 때까지).

도전하는 사람만이 성공할 수 있습니다.

전 도 해 봐 라

전 도 즐 겨 라

전 도 미 쳐 라

전도할 수 있다는 자신감을 가지자

나는 전도할 수 있습니다.

나도 전도할 수 있습니다.

내가 전도할 수 있습니다.

전도할 때 고통은 잠깐이지만

한 영혼 전도하면 영원히 천국 간다.

세상에는 해 보고 실패하는 사람보다

해 보지 못하고 실패하는 사람이 훨씬 많다.

무엇을 하려고 하는 사람은 방법을 찾아내고

아무것도 하기 싫어하는 사람은 구실을 찾아낸다.

2가지 바보가 되자

1. 일의 진전이 없어도 노력하는 바보

2. 아무리 어렵고 힘들어도 포기하지 않는 바보

자기혁신 다섯 가지

1. 일상을 바꾸어라

2. 이대로 가면 이대로 된다

3. 삼 개월간 습관을 바꾸어라

4 사랑하라(자신이 하고 있는 일)

5 오늘부터 저질러라

전도자가 되기 위해서는

순종의 사람이 되자.

전도의 목표가 있어야 한다.

물질 시간 기도 투자한다.

인내와 끈기가 있어야 한다.

고난과 핍박을 두려워 말라.

모험을 하자.

전도하기 위해서는

영혼 구혼을 위해서 불타는 마음이 있어야 한다.

영혼 구혼을 위해서 절박감이 있어야 한다.

영혼 구혼을 위해서 사생결단하는 각오가 있어야 한다.

영혼 구혼을 위해서 간절한 마음이 있어야 한다.

영혼 구혼을 위해서 창자가 끊어지는 아픔이 있어야 한다.

전도에 미치는 4가지 방법

1. 누구에게나 수시로 말을 거는 것.

2. 때와 장소를 가리지 말고 전도하러 가는 것.

3. 전도 대상자에게 싱긋 벙긋 웃으며 다가가면 뿌리치지를 못한다.

4. 누가 무슨 말을 해도 상처를 받으면 안 된다.

   전도하다 보면 상처도 받고 봉변도 받는다. 그것을 기쁨과 감사로 받아들인다.

상대방 아픔을 함께하는 게 전도비결

전도는 훈련을 받고 기도로 무장하고

상대의 영혼을 사랑하는 뜨거운 마음을 가지면

성령께서 감동을 주어 마음문을 열게 해 주신다.

대화법이나 선물 공세는 한계가 있다.

섬기는 마음 사명으로 해야 한다.

상처를 만져 치유해 주신 예수님처럼

상대의 아픔을 함께 나누려는 노력이 전도에 필요하다.

　인간은 육신의 질병이나 마음의 상처 물질의 어려움 등 한 가지씩 문제를 갖고 있는데 이를 스스로 쏟아내게 만드는 것이 바로 전도의 포인트이다.

낙관 회로가 성공회로를 만든다.

작은 체험 〉 낙관 회로에 자신감 생성 〉 용감한 도전 〉 작은 성공

감동과 칭찬(도파민 세로토닌이 펑펑 쏟아져 나옴) 〉 더 큰 도전

큰 성공으로 이어진다.

작은 성공이 잔잔한 감동을 부르고 큰 성공을 만들어 낸다.

전도 1명만 하게 되면 2명 10명 20명 100명 하는 것은 쉽다.

열심히 전도하게 되면 누구나 전도왕이 된다.

한 영혼을 구원하는 데 최선을 다하자.

3주만 전도하면 습관이 된다(매일 1명 이상).

습관 고치기의 네 가지 문턱

습관을 바꾸는 데는 몇 차례의 고비가 있다

1. 작심삼일 – 이게 첫 고비다.

2. 3주 – 새로운 습관의 틀이 잡혀 간다.

3. 100일 – 습관이 자리 잡는다.

4. 1년 – 생리적 변화와 함께 새로운 습관대로 하지 않으면 오히려 불편해지는 단계다.

성공하려면 지금 당장 시작하라.

성공하려면 망설이지 말고 머뭇거리지 말아야 한다.

흐지부지하지 말아야 하고 기다리지 말아야 한다.

복음을 전하면 하나님 능력이 나타난다.

복음을 전할 때 기적이 일어난다.

복음을 전할 때 하나님의 능력이 나타난다.

하나님 나라는 능력이 있다.

복음은 누가 전해도 폭발하는 힘이 있다.

(폭탄과 같은 하나님의 능력이 이미 예수 믿는 자들에게 임했다)

우리교회 한번 와 보십시오.

우리교회 와서 우리 목사님 설교 한번 들어 보십시오.

예수 믿어야 영원히 살 수 있습니다.

예수님 믿으면 얼마나 좋은지 모릅니다.

할 수 있는 한

할 수 있는 한 최선을 다하자

당신이 할 수 있는 모든 수단과

당신이 할 수 있는 모든 방법으로

당신이 할 수 있는 모든 장소에서

당신이 할 수 있는 모든 시간에

당신이 할 수 있는 모든 사람에게

당신이 할 수 있는 한 오래 오래

세상에서 가장 행복한 사람은?

그는 오늘 누군가를 진심으로 사랑하고 있는 사람이다.

무엇을 얻는 것보다 가진 것을 잘 나눌 때 행복은 더욱 커진다.

용기란 성취하는 것이 아니라 계속 시도하는 것이다.

꿈(dream)

고난과 역경 속에서도 가슴에 간직한 꿈을 절대 포기하지 말고 그 꿈을 향해서 달려가자.

결코 결코 포기하지 말자. 내가 가진 것 중에서 최고의 보물이 꿈이다.

인생이 끝나는 것은 실패했을 때가 아니다. 포기했을 때다.

인생의 방황은 예수님을 만나면 끝나고 신앙의 방황은 우리 교회 만나면 끝난다.

전도 대상자

1. 가족 중에 예수 믿지 않는 사람

2. 이웃, 직장, 친목 단체, 매일 만나는 사람

3. 친구, 동기, 동창생, 죽마고우(초, 중, 고, 대)

4. 도움을 받은 사람, 도움을 준 사람, 감사할 사람

5. 우리교회 예수 믿다가 낙심한 사람(잃어버린 양을 찾자)

이렇게 아는 사람을 전도 우선 대상자로 삼자.

전도 6가지 원칙 숙지

1. 전도의 목표를 정하라(목표가 없으면 기도할 제목이 없다).

2. 전도 대상자를 정해 놓고 이름을 부르며 중보기도 하라.

3. 네 직업을 이용하라.

4. 기회를 포착하라.

5. 전도자 환경과 성격을 파악하라.

6. 모험을 하라(전도왕 도전). 인생도 모험 신앙도 모험.

팔다리가 없는 닉부이치치 말씀 중에서

문제없는 사람은 없다.

다만 도전하지 않는 것이 진짜 문제다.

절망에서 벗어나는 길, 믿음의 날개를 펴라.

돌아갈 곳이 있으면 인생은 여행이고

돌아갈 곳이 없으면 인생은 방황이다.

돌아갈 날을 기대하며 기다립니다.

발바닥 전도왕의
살아있는 전도사례집

Chapter 2 ——————— # 간증문

한국 초유의 발바닥 전도왕이 되기까지

나는 1947년 10월 2일 경북 경주시 안강읍 안강리 347번지에
서 6남매 중 둘째로 평범한 가정에서 태어났습니다.

아버지는 성품이 정직하나 급하고 거칠어서 화를 잘 내는 편이
셨으며 어머님은 온후한 성품으로 인내하며 가족들을 위해서 최
선을 다해 생계를 위하여 헌신의 삶을 사셨습니다.

아버지는 일제강점기 중국에서 통역관을 지내시며 해방 후 방
위군으로 복무하며 6.25전쟁을 치르셨습니다. 그 후 장교로 예
편하여 읍사무소에서 공무원으로 일하셨습니다. 어머님은 농사
일과 장사를 하셨습니다. 나는 집 가까이 있는 안강초등학교에
다니면서 아이들과 잘 어울려 다니는 개구쟁이였습니다.

그러던 어느 날 집 가까이 안강성결교회가 개척되었습니다.

천막을 쳐 놓고 북을 치면서 사람들을 모았고 가면 맛있는 것
을 주기도 했습니다.

어린 동심에 친구들과 주일학교에 열심히 다녔습니다. 선생님
들은 찬송도 가르쳐 주고 성경에 나오는 재미있는 이야기도 들려
주었습니다. 그렇게 다 함께 성경을 암송하기도 하며 재미있게
교회를 다녔습니다. 교회를 열심히 다니기 위해서 새벽기도회도
참석한 기억이 납니다.

　그때 나는 기도하기를 하나님 앞에 불쌍하고 어려운 사람들을 많이 도울 수 있는 사람이 되게 해 달라고 기도 하였습니다. 그 시절 주위에 밥을 먹지 못하고 굶주리거나 거리에서 깡통을 들고 밥을 얻어먹으러 다니는 사람이 너무나 많았기 때문입니다.

　실제로 어머님 심부름으로 우리 집 주위에 있던 가난한 사람들에게 밥을 들고 가서 드리곤 했던 일이 여러 번 있었습니다. 길 가던 걸인을 불러와서 밥상에서 밥을 같이 먹는데 더러워서 밥을 제대로 넘기지 못했던 일도 있었습니다.

　그때 교회에서 배운 찬송과 성경구절이 어른이 되고 70살이 되어도 잊히지 않고 생생히 기억납니다. 초등학교 시절 6년 내내 그때 교회에서 나를 가르쳐 준 선생님과 열심히 교회 다녔던 기억이 지금도 뚜렷합니다.

　중학교에 입학할 무렵 아버지의 사업 실패로 하루아침에 가산이 기울게 되었습니다. 나는 새벽에 일찍 일어나서 일을 하고 학교에 갔다 와서도 열심히 일을 해야 했습니다. 열심히 일만 하는 탓으로 공부를 소홀히 하게 되었고 주일날에도 일을 하게 되어 자연스레 교회 출석을 하지 못했습니다.

　그렇게 중학교 3년을 마치고 고등학교 시험을 쳤는데 떨어졌습니다. 내가 가고 싶은 학교에 꼭 들어가야겠다는 생각을 가지고 이를 악물고 다시 열심히 공부를 했습니다.

　이때 다행히도 대구에 있는 막내 외삼촌이 한양대 수학과를 졸업하고 군장교로 입대하기 위하여 우리 집에서 머물고 있었습니다. 외삼촌은 입대하는 날까지 일을 하면서 저에게 공부를 가르쳐 주었습니다. 저는 외삼촌 덕택으로 공부를 열심히 하여 그 이듬해 당당히 합격을 했습니다. 하지만 입학금이 없어서 어머님이 5000원 빚을 내셔야만 했습니다.

고등학교를 마치고 대학 시험을 쳤는데 이번에도 낙방하고 말았습니다. 재수를 하는 도중에 장교로 군에 입대하고 싶은 생각이 나서 간부후보생 시험을 쳤습니다. 다행히 무사히 합격하여 1968년 8월 8일 입대하여 1년간 장교훈련을 받고 1969년 8월 23일 육군 기갑장교 소위로 임관을 하였습니다.

장교로 군 생활을 하던 1974년에 대위로 진급하여 오던 중 1975년 집사람 윤권사와 결혼을 하게 되었습니다.

우리의 신혼살림은 전남 광주시 상무대 근처 쌍촌동에서 시작되었습니다.

광주 상무대 기갑학교 9전차대대 1중대장을 역임하고 군생활을 전역했습니다. 10년간 군생활을 마치고 육군 대위로 전역을 하여 고향으로 돌아와 부모님이 하는 사업에 종사하다가 안강읍 예비군 읍대장으로 1980년 10월에 임용되어 새로운 삶을 시작하게 되었습니다. 이때는 임시직장이어서 보수가 아니라 수당으로 95000원을 받았습니다.

예비군에서는 시간도 남아돌았고 대원들도 많아서 매일 술을 마시고 먹자판에 노름으로 세월을 보냈습니다. 다행히도 1982년 4월 1일부로 행정 군무사무관 5급으로 정식 국가공무원으로 임명을 받았습니다.

이렇게 좋은 대우를 받고 좋은 환경에서 근무를 하는데도 정신을 차리지 못하고 날마다 술과 노름으로 지내던 어느 날이었습니다. 1985년 6월 청천벽력 같은 소식이 들려왔습니다.

형님이 교통사고로 그만 사망했다는 것이 아닙니까. 현장으로 달려갔는데 형님은 머리를 다쳐서 벌써 생명이 끊어져 있었습니다.

어쩔 수 없는 현실 앞에서 아무 말도 하지 못하고 울기만 했습니다.

순식간에 일어난 일이어서 무엇이 어떻게 되는지 어떻게 해야 될지도 몰랐습니다.

정신이 없는 와중에도 장례식 기간 동안 교회에서 목사님과 많은 성도님들이 장례를 치러 주고 아픔을 같이해 주었습니다. 저는 그것에 큰 감동을 받았습니다.

그 당시 우리 집은 여자분들은 모두 예수를 믿고 남자분들은 예수를 믿지 않았습니다.

그런데도 불구하고 처음부터 끝까지 장례식을 도와주셔서 얼마나 고마웠는지 모릅니다.

감동한 내가 집사람에게 나도 예수를 믿어야겠다고 했더니 너무나 좋아했습니다.

그때가 1985년 6월로, 처음 안강제일교회에 출석한 날입니다.

허나 신앙생활을 하는데 말이 교인이지 못된 일은 여전히 하고 다녔습니다. 술 먹고 담배 피우고 노름을 하고 교인으로서 행동하지 말아야 할 일은 다 했습니다.

그러던 어느 날 몸이 좋지 않아 병원에 가서 진단을 받아 보니, 첫째로 당뇨가 있고 둘째로 간장이 나쁘고 셋째로 위장이 나쁘다는 결과가 나왔습니다.

할 수 없이 안강읍에 있는 성 베드로 병원에서 한 달 반 동안 입원을 했습니다.

어느 정도 병이 나아서 집으로 돌아와 집사람을 가만히 보니, 교회를 가는데 시도 때도 없이 갑니다. 새벽기도회, 수요예배, 철야예배를 포함해 밤마다 교회에서 철야기도를 드리는 것이 못마땅했던 저는 집사람을 불러서 이렇게 교회에 많이 가면 집안 살림은 어떻게 하려고 하느냐면서 소리를 높여 호통을 쳤습니다.

나중에 알고 보았더니 남편의 병 쾌유를 위해서 기도하려 다니고 있었습니다. 저는 그것도 모르고 집사람을 꾸중한 것입니다.

시간이 조금 지나서 저의 집사람이 조그만 책을 한 권 가지고 와서 당신도 학습문답을 받고 세례교인이 되라고 했습니다. 나는 내가 안강제일교회 안에서 가장 믿음이 좋은 사람인데 무엇 때문에 학습문답을 받고 세례교인이 되어야 하느냐 하면서 학습문답도 세례도 받지 않았습니다.

그로부터 시간이 흘렀습니다. 저의 집사람에게 병이 났습니다. 여자분들에게 많이 걸리는 병인데 내가 보아도 중병으로 보였습니다.

나는 하나님께 간절히 기도했습니다.

'하나님 아버지. 집사람의 병을 고쳐 주시면 예수를 열심히 믿겠습니다.' 간절히 매어 달렸습니다.

하나님께서 나의 기도를 들어 주셔서 아내는 포항에 있는 성모 병원에서 수술을 받고 10일 만에 병이 깨끗이 치료가 되어 퇴원을 하게 되었습니다.

집사람이 책을 한 권 가져와서, "당신 이번에는 꼭 학습문답 받고 세례교인이 되어야 합니다."라고 말을 하는데 나는 그 말을 거역할 수 없어서 이번에는 꼭 그렇게 하겠다고 약속을 했습니다. 그랬더니 하는 말이 다음 다음 주 토요일이 학습문답 받는 날이라는 것입니다.

나는 이번에도 대답만 했지 학습문답 공부를 전혀 하지 않았습니다.

시간이 지나 당일이 되었습니다. 학습문답 받는 날은 새까맣게 잊어버리고 친구들과 어울려서 화투를 뚝닥 뚝닥 치고 있는데 전화가 걸려 왔습니다. 전화를 받아 보았더니 저의 집사람 목소리가 또록또록하게 들려 왔습니다.

집사람이 하는 말, "당신 정신이 있습니까 없습니까." 깜짝 놀라서 화투장을 집어 던지고 밖으로 나오니 저의 집사람이 20미터 앞에서 기다리고 있었습니다.

집사람 앞에 가서 내가 지금 교회로 가려고 했다 했더니 그동안 너무나 많이 속았기 때문에 내 말을 믿지 못하겠다며 지금 당장 함께 가고자 했습니다.

그날 그렇게 억지로 떠밀려서 교회에 도착했습니다.

학습 문답지를 받아서 시험을 치는데 아는 문제라고는 한 문제도 없어서 저의 집사람이 옆에서 가르쳐 주는 대로 받아써 시험을 마쳤습니다.

그날 연세 많은 장로님이 시험 감독관으로 오셔서 좀 봐 주시기도 했습니다.

시험을 마치고 목사님의 구두 질문이 시작되었습니다.

첫 번째 질문, "십일조를 하고 있습니까."

"십일조는 저의 집사람이 또박 또박 하고 있습니다."

두 번째 질문, "술 담배를 하고 있습니까."

"술 담배는 지금 하지 않고 있습니다."

사실상 예수님 때문이 아니라 건강상 술 담배를 하지 않는 것이었기에 큰 소리로 말하지는 못하고 낮은 목소리로 대답했습니다.

그로부터 시간이 흘렀습니다. 집사람이 예수를 잘 믿을 수 있도록 정성껏 돌보아 줌에 따라 나의 마음속에서도 예수를 진실로 진실로 믿어야지 하는 마음이 우러나오기 시작했습니다.

하루는 우리교회 교인 한 사람에게 질문을 했습니다.

"어떻게 하면 예수를 잘 믿을 수 있습니까?"

"새벽 기도회에 출석해야 합니다."

그 말씀을 듣고 집사람에게 나도 새벽 기도회 한번 다니고 싶다고 했더니 너무 좋아하면서 하는 말이 "여보, 우리 40일 작정 기도를 합시다."라는 것입니다.

나는 그전에 새벽 기도회를 한 번도 해 보지 않았습니다. 막연히 새벽에 일어나서 교회로 가면 되겠거니 생각했습니다. 막상 40일 새벽 기도회에 나가려니 생각했던 것처럼 수월하지 않았습니다.

매일 새벽에 교회를 가는 것이 보통일이 아니었고, 금방이라도 때려치우고 싶은 마음이 들었습니다. 하지만 마음속에 이번에 하나님을 만나지 못하며 일평생 하나님을 만나지 못한다는 생각이 번쩍 들어서 오늘도 내일도 참고 새벽 기도회에 참여를 했습니다.

40일 새벽 기도회는 정말 고통스러웠습니다.

하지만 고통에 비해서 기쁨도 넘쳐났습니다.

무사히 기도회를 마치고 집사람 보고 "여보 100일 기도회 한 번 더 합시다"라고 말했더니 집사람도 쾌히 승낙을 했습니다.

100일 새벽 기도회 역시 엄청나게 힘들었지만 그래도 참고 참고 또 참았습니다.

100일 기도회를 3일 정도 남겨 두고 집에 전화가 걸려 왔습니다.

전화를 받아 보았더니 담임 목사님 전화였습니다.

전화상으로 하시는 말씀이, "권경식 성도님, 100일 기도회 마치는 날짜가 언제입니까?"라고 하십니다.

저는 100일 기도회 마치는 날짜를 잊어버렸기에 집사람에게 바로 물어보았더니 90년 1월 25일이라고 합니다. 다시 목사님에게 전화를 걸어서 날짜를 말씀드렸더니 아침 일곱 시경에 만나고 싶다고 하셔서 그렇게 하자고 하였습니다.

100일 기도회를 마치는 날이 왔습니다.

저는 군인이기 때문에 높은 분이 오실 때는 한 시간이나 30분 전에 미리 준비를 하고 마중을 나가곤 했습니다. 우리 교회에서 제일 높은 어르신이 목사님이시기에, 10분 전에 아파트 정문에서 기다리고 있었습니다.

우리 목사님은 승용차를 타고 도착하였습니다.

목사님을 모시고 집으로 왔습니다.

예배를 드리는데 목사님은 제가 군인인 것을 감안하여 성경 속 백부장에 대한 말씀을 하셨습니다.

제가 인생을 40년 동안 살았지만 그날 아침만큼 참회의 눈물, 기쁨의 눈물을 흘려 본 적이 없습니다.

저는 미리 목사님이 오신다는 이야기를 듣고 100일 동안 기도하고 느낀 점을 노트에 기록해 두었습니다.

노트를 펴면서 목사님에게 말하였습니다.

"목사님, 제가 세상에서 잘한 것은 아무것도 없고 잘난 것도 아무것도 없습니다. 저의 남은 생애는 헐벗고 병들고 소외된 사람들을 도와가면서 예수그리스도를 전하면서 살겠습니다."

예배를 마치고 식사를 하는데 눈물이 나와서 아침밥을 먹을 수가 없었습니다.

그로부터 조금 시간이 지나 교회 정문에 현수막이 붙었습니다. 내용을 읽어 보니 '정도출 목사님 춘계 부흥사경회'라는 글자가 바람에 펄럭이고 있었습니다.

우리 교회 성도님에게 물어보았습니다.

"부흥사경회에서 은혜를 받으려면 어떻게 해야 됩니까?"

"많은 준비 기도를 하고 부흥사경회를 사모하는 마음으로 한 번도 빠짐없이 참석해야 합니다."

　그 말을 듣고 한 번도 빠짐없이 새벽 기도회에 참석하여 간절한 마음으로 이렇게 기도했습니다.

　'하나님 아버지 춘계 부흥사경회를 통하여 성령 충만케 하시고 성령으로 거듭 태어나게 도와주시옵소서.'

　새벽마다 간절한 마음으로 기도에 매어 달리기 시작했습니다.

　곧 부흥사경회가 시작되었는데 새벽집회 낮집회, 저녁집회 한 번도 빠짐없이 참석하였더니 하나님의 은혜가 저에게 입혀지고 우리 온 가족에게도 미치게 되었습니다.

　부흥사경회 마지막 날 목사님이 안강제일교회 찬양 선교단을 창설한다는 말씀을 하셨습니다.

　집으로 오는데 어머님이 이렇게 말씀하셨습니다. "이번에 우리 온 가족이 은혜를 받았으니 목사님이 말씀하신 찬양선교단을 창설하는 데 필요한 헌금을 드리며 좋겠다."

　저는 두 말도 하지 않고 500만 원을 헌금하기로 결심했습니다.

　어디서 이 말을 듣고 왔는지 제매 이집사가 저에게 찾아와서 "형님만 500만 원 하면 어떡합니까. 저도 백만 원 해야지요." 하여 결국 제가 400만 원, 이 집사 100만 원, 다른 성도님이 300만 원 헌금을 하여 총 800만 원을 드려서 우리교회 찬양선교단이 창설되었습니다.

　시편 마지막 150편에는 '호흡이 있는 자마다 여호와를 찬양할지어다.'라는 말이 나옵니다. 제가 전도를 하게 된 동기를 말씀드리겠습니다.

89년도부터 집사람이 저에게 하는 말이 있습니다.

"당신은 돈을 벌기 좋아하고 명예를 좋아하지만 당신에게는 돈도 명예도 주어지지 않아요. 하지만 당신은 예비군 지휘관(중대장)이란 직업을 통해서 위대하고 훌륭한 일을 할 수 있습니다."

그때마다 저는 이렇게 말했습니다.

"시골의 보잘것없는 예비군 중대장이 무슨 큰일 위대한 일을 한단 말이요. 나한데 당치도 않는 그 말 좀 그만하세요."

집사람은 내가 그 말을 그만하라고 할 때마다 나에게 용기와 힘을 주면서 자신의 말대로 될 것이라 말했습니다.

우리 교회 예수초청 큰 잔치 행사가 시작되기 일주일 전이었습니다.

개인적인 용무가 있어서 포항 시내에 가려고 다른 사람 승용차에 타고 눈을 감고 기도하고 있었습니다. 그러다 눈을 떴는데 이게 어찌된 일입니까? 제 앞에 정차된 차가 우리 목사님 승용차였습니다.

혹시나 잘못 보았는지 다시 확인해 보아도 목사님 승용차가 맞았습니다.

"앞에 보이는 승용차가 우리 목사님 승용차가 맞습니다. 제가 목사님 차를 타고 가겠습니다."

양해를 구하고 앞차로 가서 문을 열었더니 우리 목사님이 훤한 얼굴을 하시면서 저를 반갑게 맞이해 주었습니다.

포항 시내로 가면서 이런 저런 이야기를 끝냈습니다.

목사님 하시는 말씀이, "권경식 성도님은 안강읍이 안태고향이고 예비군 중대장도 10년 이상 하셨으니까 이번에 우리교회 예수초청 큰 잔치에 4000명을 전도하려고 하는데 그중에 1000명을 전도해 주십시오."라고 하셨습니다.

저는 목사님 말씀에 무조건 예 하고 순종을 했습니다.

그런데 조금 있다가 정신을 차리고 나니, '1000명이 얼마나 많은 숫자인데 내가 어떻게 할 수 있단 말인가? 도저히 생각해도 못 할 것 같다.' 하는 생각이 들었습니다.

'내 힘은 300내지 400명 정도다.'

다시 목사님에게 못 한다고 말씀을 드려야 하는데 방금 이 자리에서 대답한 것을 바꾸기는 죄송스러워 며칠 후에 다시 찾아가서 말씀을 드려야겠다고 생각하고 헤어졌습니다.

시간이 흘러 슬슬 목사님을 찾아뵈려고 했는데 초신자가 담임목사님을 만난다는 것이 쉬운 일은 아니었습니다.

결국 목사님 말씀에 순종하기로 다시 마음을 먹고 1000명을 전도하기로 결심을 했습니다.

들려오는 소문에 대구에 계시는 장로님이 1051명을 전도하셨고 대전에 계시는 집사님도 1726명을 전도하셨다고 합니다.

1000명을 조금 더하면 2등할 것 같고 1726명보다 더하면 대한민국 전도왕이 될 것 같아서 기왕에 할 바에는 2000명을 전도하기로 마음먹었습니다.

2000명을 전도하기 위해서 새벽 기도회를 갔다 와서 노트를 펴 놓고 구체적인 전도 계획을 써 내려가기 시작했습니다.

안강읍에는 남녀 중고등학교 학생들이 2000명 정도 있는데 그

들 중에서 100명, 방위산업체 풍산주식회사 근로자 100명, 경로
당 할머니 할아버지 100명, 내가 아는 사람 친구들 중 100명….
아무리 계획을 세워도 300명에서 400명을 넘지 않았습니다.

그러다 실제 전도를 해 보지 않고 탁상공론으로 생각만 해서는
안 된다는 생각이 들었습니다.

오늘 우리가 전도할 수 있는 모든 이들을 다 전도했다고 생각
해도, 하나님께서는 내일 가면 또다시 새로운 전도의 길을 열어
주시고 모레 가면 또 전도의 길을 열어 주십니다.

전도하기를 원하고 갈망하고 열정이 있는 사람에게 길이 열리
며 전도하기를 싫어하고 나태하고 게을리하는 사람에게는 한 명
의 예비 신자도 보내 주시지 않습니다.

전도를 많이 하기 위해서는 고민을 많이 하는 성도가 되기를
바랍니다.

예수초청 큰 잔치 2주 차에 서울에 계시는 김목사님을 모시고
전도폭발 부흥성회를 하는데 '살았거든 일어나거라'라는 말씀을
가지고 성회를 인도했습니다.

저도 큰 은혜를 받았습니다.

부흥성회 3일째 되는 날 종이를 나누어 주길래 영문도 모르고
종이를 받아 보니 전도 작정서였습니다.

이름과 구역을 기록하고 고민에 빠졌습니다.

89년도부터 집사람이 나에게 하던 말이 머리를 스쳐 지나갔습
니다.

'당신은 세상에서 돈 벌기를 좋아하고 명예를 좋아하지만 당신

에게는 그런 기회는 주어지지 않아요. 당신은 예비군 중대장을
통해서 위대한 일을 할 것입니다.'

저는 미친 사람같이 2000명에서 1000명을 더하여 3000명을
작정서에 기록해 놓고 주님 앞에 눈물의 기도를 했습니다.

'부족한 종이 3000명을 작정하였사오니 주님께서 3000명을
보내 주실 줄로 믿습니다.'

그리고 그날 교회에서 강사목사님을 기다리고 있다가 목사님
이 중앙통로로 오실 때 공손하게 절을 하고 "목사님, 3000명을
작정했습니다."라고 말씀을 드렸습니다. 목사님께서는 "3000명
을 보내 주실 줄로 믿습니다."라고 하셨습니다. 그 말을 듣자 이
미 3000명을 전도한 것과 다름이 없는 듯하고 힘과 희망과 용기
가 생겨났습니다.

김 목사님께서는 부흥회를 마치고 서울로 가시면서 저를 찾아
와서 등을 두드려 주시며 꼭 3000명을 전도하여 대한민국 전도
왕이 되어 삼천리 방방곡곡을 다니면서 하나님의 말씀을 전하려
고 격려를 해 주셨습니다. 그 말씀대로 하나님께서 제게 3170명
을 보내 주셔서 저는 대한민국 초유의 전도왕이 되었습니다.

다시 말해서 하나님의 쓰임을 받았습니다.

하나님의 쓰임을 받은 것보다 더 큰 축복은 없습니다.

3000명을 전도하기 위해서 구체적인 전도 방법을 세웠습
니다.

중고등학교 학생들에게는 필기도구도 선물하고, 근로자들에게
는 장갑, 그리고 경로당 할아버지들에게는 음료수 및 점심 식사

도 좀 제공해야지 하면서 전도 계획을 마무리하게 되었습니다.

전도 계획을 집사람에게 이야기하려고 찾아보니 주방에 있었습니다.

"여보 전도계획을 한번 들어 보세요." 하고 계획을 말하는데 전도 계획을 채 듣기도 전에 화를 벌컥 내면서 하는 말, "전도는 하지 않고 돈 쓸 궁리만 하고 있네요." 그러면서 손에 들고 있는 그릇을 땅바닥에 던져 버렸습니다.

너무나 어처구니가 없었습니다.

그토록 예수 믿으라고 정성스럽게 뒷바라지를 한 집사람이 원망스러워졌습니다.

나의 방으로 들어가서 숨죽여 울었습니다.

출근 시간이 되어서 중대본부 사무실로 출근을 했습니다.

출근을 해서 생각해 보니 너무나 마음이 좋지 않아 다시 집으로 전화를 했습니다.

전화를 걸었는데 전화를 받지 않았습니다.

그날 퇴근 후 전도를 열심히 하고 집으로 왔는데 집사람이 없었습니다.

그 이튿날 새벽기도회에 갔다 온 뒤에도 집사람이 없었습니다.

할 수 없이 3남매와 함께 라면을 끓여서 아침밥을 먹는데 아파트 벨이 울려서 문을 열어 보니 집사람이 와 있는 것이 아닙니까?

당신 어디 갔다 와요 물어 보니 호명산 기도원에 갔다 왔다고 했습니다.

그리고 나서 하는 말이 "어제 당신에게 화내고 짜증 부린 것 잘못했어요. 나를 용서해 주세요."라고 하는 것이 아닙니까.

"당신과 내가 힘을 합치면 3000명을 전도할 수 있습니다."라고 말하는데 얼마나 기쁘고 감동스러운지 눈에서 눈물이 펑펑 쏟아져 나왔습니다.

나는 집사람의 손을 잡고 하나님 아버지 우리 집사람과 힘을 합쳐서 목숨 걸고 전도하겠사오니 하나님께서 3000명을 보내주실 줄로 믿습니다. 하며 눈물로 간절한 마음으로 기도 드렸습니다.

훗날 3170명을 보내 주신 하나님께 감사드리며 어떻게 그들을 전도할 수 있게 되었느냐를 자세히 말하도록 하겠습니다.

3170명은 저의 힘으로 전도한 것이 아니고 하나님의 뜻대로 이루어졌음을 믿고 있습니다.

새벽기도회를 마치고 거리에 나와서 전도를 위해 두리번두리번 살펴보았으나 새벽시간에 사람이 있어야지요.

아무 생각 없이 거리를 걷고 있는데 관광버스가 옆을 지나갑니다. 정차하는 곳이 제가 근무하고 있는 예비군 중대 본부 앞이었습니다.

버스 옆을 지나가려고 하는데 쌀갛게 하시는 아저씨가 저한테 말을 겁니다.

여기 있는 버스로 이 동네 계시는 아주머니들이 서울에 있는 롯데월드에 구경을 간다는 것입니다.

저는 그 말씀을 듣는 즉시 '서울 롯데월드에 놀러 가시는 아주머니들을 전도해야지' 하는 생각이 들었습니다.

전도를 하려면 조그마한 선물이나 음료수를 대접해야 하는데 호주머니를 만져 보니 돈이 없었습니다.

돈이 없어서 집으로 빨리 갔는데 집사람이 아직 교회에서 오지 않았습니다.

조금 기다리니 집사람이 왔습니다.

돈 일만 원을 받아서 미친 사람같이 밖으로 나와 약방에 가서 원비D 음료수를 구입해서 나누어 드리려고 했는데 약방문이 닫혀 있습니다.

주위를 둘러보니 슈퍼마켓 문이 열려 있어서 그곳에 들어가 원비D 음료수 3박스를 구입해서 버스로 올라가 저를 소개했습니다.

"저는 안강읍 예비군 중대장이자 안강제일 교회 다니는 권경식 성도입니다."

저를 소개하고 "안강제일교회에서 예수초청 큰 잔치를 하는데 그날 오셔서 목사님 말씀 듣고 비누세트 선물을 받아가세요." 하고 말씀을 드린 후 음료수를 나누어 드렸더니 너무나 좋아하시는 것입니다.

그 순간 낯익은 아주머니 한 분을 발견해서 자세히 보니 우리 교회에 다니는 여 집사님이었습니다.

깜짝 놀랐습니다.

그 여 집사님이 롯데월드 놀러 갔다 오시면서 모든 사람을 전도하면 나는 그날 아침 헛장사를 한 것 아닙니까.

저는 버스에 탄 아주머니들을 많이 전도하지는 못했습니다.

그러나 처음으로 입을 열게 된 것이 계기가 되어 그 이후 남녀노소 누구를 만나든지 입을 열어 나팔을 불게 되었습니다.

나 한 사람 입을 열면 수많은 사람 행복해지고

나 한 사람 입을 열면 수많은 사람 천국 간다.

우리 교회가 새 생명 초청 잔치를 하는데 여러분은 이것을 기회로 말씀전파를 할 수 있습니까 할 수 없습니까?

할 수 있습니다. 하면 됩니다. 해 봅시다.

하나님은 할 수 있다는 성도님과 할 수 있다는 교회와 함께 일하십니다.

처음에는 아는 사람만 만나서 열심히 전도하곤 했습니다.

시간이 조금 지나 아는 사람은 바닥이 나고 모르는 사람을 전도해야 하는데 초청장을 잘 받아 주지 않아 고민을 하기 시작했습니다.

그래도 남자분들은 초청장을 비교적 잘 받아 주는데 여자분들은 숨어 버리거나 도망가곤 했습니다.

집사람이 나에게 하는 말이 있었습니다.

당신은 예비군 중대장 군인인데 군복을 입고 다니면 전도가 잘 될 텐데 왜 사복을 쪽쪽 빼서 입고 다니냐는 것입니다.

그 말을 듣고 전도 원칙을 찾아보니 '네 직업을 이용하라'는 말씀이 있었습니다.

저는 그날부터 사복을 벗어 버리고 군복을 입고 전도하기를 시작했습니다.

놀랍게도 전에 초청장을 잘 받아 주지 않던 아주머니들도 초청장을 잘 받아 주고 음료수나 냉수도 대접해 주었습니다.

이렇게 전도가 잘 되는데 뭣 때문에 군복을 벗습니까.

저는 예수초청 큰 잔치를 마치는 당일까지도 한 번도 군복을 벗어 본 적이 없습니다.

목사님께서는 제가 3000명을 작정함에 따라 서울에서 초청장 5000장을 만들어 주셨습니다.

얼마나 열정이 있었는지 2주 만에 5000장 전달을 완료했습니다.

초청장이 바닥이 나서 다시 서울에서 사비로 10000장을 만들어 2주 만에 전달을 했습니다.

또 초청장이 부족하니 대구에서 10000장을 만들어서 전달하였습니다.

예수초청 잔치를 통하여 25000장 초청장을 전달했는데 5000장만 교회에서 만들어 주고 나머지 20000장은 사비로 만들어서 전달을 한 것입니다.

하나님은 열정을 가진 사람을 사용하신다는 것을 알게 되었습니다.

먼 거리에서 오시는 분들이 점심을 먹지 않고 밥을 굶고 가서는 안 된다는 생각이 들어서 처음에는 국수를 한 그릇이라도 먹고 가야 되지 않겠냐는 생각으로 일인당 1천 원씩 드리기로 했다가 다시 생각을 바꾸어 식당에서 점심을 먹고 가는 것이 좋겠다는 생각이 들어 식당 두 곳을 정하여 마음껏 식사하기로 했습니다.

교회 장로님들이 회의를 해서 그날 오신 모든 분들에게 빵과 음료수를 제공하고 선물은 비누세트를 드리기로 했습니다.

이제 먹는 것과 선물은 해결이 되었습니다.

이제 3000명을 모셔오고 다시 모셔다 드리는 것이 해결되어야 합니다.

처음에는 버스 5대 내지 6대를 대여하려고 했는데 3000명을 모셔오기에는 너무나 부족했습니다.

가만히 생각해 보니 그까짓 버스 몇 대가 문제가 아니었습니다. 최대한 많은 버스를 대절해야겠다는 생각이 들어서 당일 날 버스 14대를 사비로 대절했습니다.

그리고 표어를 만들어서 벽에 부착했습니다.

'3000명 전도하여 대한민국 전도왕 되자'라고 큰 글자로 써서 벽에 부착해 놓고 자나 깨나 기도하기를 시작했습니다.

3000명을 전도한다는 것은 엄청나게 어렵고 힘든 일입니다.

처음에는 아침밥을 먹고 전도했습니다.

나중에는 아침밥을 먹을 시간이 없어서 아침밥을 거르고 전도를 했습니다. 예비군 교육이 8시부터 시작되기 때문입니다.

저녁밥은 한 번도 제때 먹지 못했습니다. 항상 10시 이후에 저녁을 먹었습니다. 5시에 퇴근하고 전도하고 집에 돌아오면 10시가 넘었기 때문입니다.

잠은 얼마나 잤을까요.

하루에 3시간에서 4시간 정도 잤습니다.

전도하고 10시에 집에 돌아오면 저녁 먹어야지요, 일기를 쓰고 내일 전도할 곳을 계획하면 12시 가까이 됩니다.

그 이튿날 24시간 연속 기도회가 4시부터 5시까지이기 때문에 3시 30분에 일어나야 4시까지 교회에 도착할 수 있습니다.

저는 그 힘든 와중에도 가장 중요하게 믿고 있는 것이 있었습니다.

바로 42일간 전도하는 기간 동안 한 번도 3000명을 전도하지 못할 거라는 생각은 해 본 적이 없었습니다.

반드시 하나님께서 3000명을 보내 주신다는 것을 믿었습니다.

왜 이런 생각을 했을까요.

하나님은 약속의 하나님이시기 때문입니다. 그리고 그 약속에 따라 저는 3000명을 전도할 수 있었습니다.

네게 능력 주시는자 안에서 내가 모든 것을 할수 있느니라

믿는 자에게는 능히 하지 못할 일이 없느니라

성경의 말씀을 믿었기 때문에 3000명을 전도할 수 있었습니다.

이것보다 더 중요한 것을 깨달았습니다.

예수초청 잔치가 시작되었는데 내가 가지고 있는 것은 내 것이 아니라 하나님의 것이라는 것을 깨달았습니다.

내가 가지고 있는 모든 것을 안강제일교회에 오신다면 다 내어

놓기로 하였습니다.

물질이 부족하여 은행에 가서 신용대출 600만 원을 받아서 그 돈마저 다 사용하였습니다.

이것은 하나님이 아시기 때문에 절대로 절대로 거짓말할 수 없는 사실입니다.

42일 전도하는 기간 동안 1분 1초 모두 전도하는 일에만 사용했습니다.

인간이 최선을 다할 때 거기에 기적이 일어나고 놀라운 일이 일어나지 아무것도 하지 않는 곳에는 아무것도 일어나지 않습니다.

사람이 마음으로 길을 계획할지라도 그 걸음을 인도하시는 분은 여호와 하나님이십니다.

"이는 힘으로도 되지 아니하고 능으로도 되지 아니하고 오직 여호와 신으로 되느니라."

나는 안강읍내에 모인 단체라는 단체는 다 갔습니다.

전도를 하려면 우리 몸 중에 어떤 부분이 필수적으로 움직여야 합니다.

말할 것도 없이 발이 가야지요. 발바닥으로 전도하는 것입니다.

군부대 방위병 150명이 모인 곳에 가서 한 사람이 3명 이상 모셔오라고 하면서 돼지 한 마리를 기증했습니다.

전투경찰대 1개 중대가 있는 곳을 찾아가서 배구공을 선물로 준 일, 경로당을 다니면서 식사와 음료수를 대접한 일, 환경미화원 분들에게 러닝셔츠를 선물로 드린 일… 전도하는 곳곳마다 선물을 드리면서 안강읍민들이 모인 곳이라면 어디든지 찾아가 예수초청잔치를 하는 날에 오시라고 불철주야 초청장을 드리며 다녔습니다.

42일 전도하는 기간 동안 하나님께서 건강을 지켜 주시고 매일같이 일기를 쓸 수 있게 도와주셨습니다.

그렇게 42일 동안 기록한 일기를 책으로 만들어 『발바닥 전도』 책을 세상에 출판하게 되었습니다.

예수초청 큰 잔치 하루를 남겨 두고 우리 부부는 하나님 앞에 기도로 간절히 매어 달렸습니다.

"우리 두 사람이 최선을 다했사오니 하나님께서 3000명을 보내 주신 줄로 믿습니다. 사람의 힘으로는 3명도 데려올 수 없으나 성령의 역사로 42일 동안 3170명을 전도하게 된 것은 전적인 성령의 역사인 줄로 믿습니다."

42일 동안 3170명을 전도하여 전도왕이 된 저는 3가지 큰 축복을 받았습니다.

자녀의 축복, 물질의 축복, 그리고 건강의 축복이 그것입니다.

첫 번째, 자녀의 축복을 받았습니다.

3남매 중 막내가 아들인데 이름은 권준범입니다.

90년 9월 12일 경주군에서 산수경시대회 시험을 치는데 한 문제도 틀리지 않고 50문제 100점을 맞아 일등을 했습니다. 그 후로도 초등학교를 1등으로 졸업하고 중학교 장학생으로 선발되어 전교에서 1, 2등을 하고 경북과학고등학교, 포항공대 대학원을 졸업하여 캐나다 토론토 대학 경영학 박사를 취득하고 호주시드니에 있는 뉴사우스 웨일즈 대학에 교수로 임용되었습니다.

두 번째, 물질의 축복을 받았습니다.

91년도 1월에 집사람에게 우리 가정 빚이 얼마나 되었냐고 물었더니 2억이라고 했습니다.

국가공무원인 제가 빚 2억을 갚을 수는 없습니다.

증권을 해서 수천만 원을 날려 버리고 부동산에서 또 수천만 원을 손해를 보았습니다.

그러나 저는 물질을 염두에 두지 않고 성령에 이끌려 영혼구혼에만 최선을 다했습니다.

더구나 전도왕이 된 체면에 다른 사람에게 돈을 빌리러 갈 수 없었습니다.

우리 부부는 열심히 기도했으나 응답이 빨리 오지는 않았습니다.

그래도 하나님의 약속을 믿고 계속 기도를 했는데 90년도 12월 25일 크리스마스 날 저녁 6시경, 우리 가정에 엄청난 물질의 축복이 주어졌습니다. 91년도 1월말에 제가 소유하고 있는 부동산이 엄청난 금액으로 팔려서 빚 2억을 순식간에 갚게 되었습니다.

도저히 믿을 수 없는 기적 같은 일이 일어났습니다.

전도하는 자에게는 반드시 축복 주시는 하나님인 줄 믿으시기 바랍니다.

세 번째, 건강의 축복을 받았습니다.

저는 간이 나빠서 아무리 좋은 약을 먹어도 낫지를 않았습니다.

90년 9월 23일 전도왕이 된 지 2주 차, 10월 초순이 되었습니다.

포항 남부교회에 다니는 여동생이 전화로 연락을 해 왔습니다.

우리 교회 최이식 목사님이 오셔서 부흥회를 인도하는데 오늘 마지막 날이니 참석해서 은혜를 받으라는 것입니다.

나는 부흥회에 참석하겠다고 약속을 했습니다.

부흥회 참석하여 말씀을 듣고 큰 은혜를 받았는데 목사님께서 하시는 말씀이, 오늘 저녁 나하고 같이 기도를 하면서 병 낫기를 원하는 사람은 자신의 아픈 부위에 손을 대고 기도를 하시면 병 낫는 역사가 일어난다고 말했습니다.

나는 우측 가슴에 손을 올려놓고 간을 낫게 해 달라고 간절히 기도하였습니다. 온몸이 땀으로 뒤범벅이 되었습니다. 우측 가슴부분이 뜨겁기 시작하는데 불을 받은 것같이 뜨거워 견딜 수가 없었습니다.

기도를 마친 후 기도할 때 불을 받은 사람은 앞으로 나오라고 하여 10여 명 정도가 나왔습니다.

기도할 때 있었던 일을 사실대로 말씀하라고 하십니다.

제 순서가 되어서 마이크를 들고 기도할 때 있었던 일을 말하니 목사님께서 할렐루야 하시면서 병이 나았다는 것입니다.

이 말씀을 믿을 수가 없었습니다.

그 이튿날 제가 한 달 반 동안 입원을 했던 병원에 찾아가서 피를 뽑아 수치를 재어 보았더니 이게 어찌된 일입니까.

병원에 입원할 때 수치는 190, 퇴원할 때 120이었는데 0-30으로 정상이 되었습니다.

혹시나 오진을 했는가 생각해서 2달 후에 다시 수치를 측정했는데 정상으로 치료되어 있었습니다.

"내 이름을 경외하는 너희에게는 의로운 해가 떠올라서 치료하는 광선을 발하리니 너희가 외양간에서 나온 송아지 같이 뛰리라"는 말라기 4;2절의 말씀대로 되었습니다.

천하보다 한 생명을 살리기 위해 전도하는 자에게는 반드시 병을 고쳐 주시는 하나님이신 줄 믿으시기 바랍니다.

지금까지 한량없는 하나님의 축복을 너무나 많이 받았습니다.

3170명을 전도하여 전도왕으로 세워 주시고 대한민국 방방곳곳과 세계만방으로 다니면서 2000회 이상 전도 집회, 전도 부흥회, 불신자 초청강사, 전도왕 컨퍼런스를 허락하시고 종을 사용해 주심에 무한 감사를 드립니다.

대통령 포장을 받게 된 것, 대한민국 모범 중대장으로 선발된 것, 군인으로서 35년간 복무하게 하셔서 정년퇴임 시 보국훈장 광복장을 받게 하시고 국가유공자가 되어서 천국 가는 날까지 연금으로 살아가게 된 것은 전적인 하나님의 은혜인 줄로 믿습니다.

하나님은 부족한 종을 전도왕으로 세워 주셔서 대한민국뿐 아니라 세계만방에 다니면서 복음을 전하는 간증자로 세워 주시고 2006년도 장로로 임직하게 하시고 사단법인 등대회라는 사회 봉

사단체를 허락하시고 40억 예산을 들어 청소년 문화의 집 까지 허락 하셨습니다,

전도왕이 될 수 있었던 가장 중요한 이유는 기도로 무장했기 때문입니다.

42일 동안 3170명을 전도할 때 기도회란 기도회는 한 번도 빠져 본 적이 없습니다.

새벽기도회, 24시간 연속기도회, 금요철야 기도회, 어떠한 기도회도 빠져 본 적이 없습니다.

3170명을 전도하게 된 것은 기도의 응답인 줄로 지금도 믿고 있습니다.

기도의 승리자는 신앙의 승리자가 되고 신앙의 승리자는 인생의 승리자가 된다는 사실을 믿으시기 바랍니다.

우리는 무엇 때문에 일하며 바쁘게 사는 것일까요?

모두 다 열심히 사는 것 같지만 실제로는 바보같이 살고 있습니다.

아무것도 아닌 것들을 위하여 시간과 마음을 쏟아붓고 살다가 죽는 순간에 후회합니다.

왜 사랑한다는 말 한마디 못했을까?

왜 용서하지 못했을까?

왜 나누어 주지 못했을까?

죽음이 눈앞에 닥쳐왔을 때에야 보이는 것이 있고 들리는 것이 있습니다.

그러므로 순간순간 지금이 마지막이라는 각오로 살아야 합

니다.

하나님 아버지 다시는 이런 삶을 살지 않게 도와 달라고 눈물로 기도합니다.

"항상 기뻐하라. 쉬지 말고 기도하라. 범사에 감사하라." 이 말씀은 예수그리스도 안에서 너희를 향하신 하나님의 뜻입니다.

목사님과 전 성도님이 한마음 한뜻이 되어서 기도하는 삶, 전도하는 삶, 선교지향적인 삶을 살 때 하나님의 큰 축복이 우리교회와 성도님들의 가정에 임할 줄 믿습니다.

하나님 부르시는 그날까지 복음을 전하고 천하보다 귀한 생명을 살리기 위해서 작은 교회 살리기에 최선을 다하며 지역에서는 사단 법인 등 대회를 통하여 헐벗고 소외된 사람들을 돕고 그들에게 복음을 전합니다. 이제 청소년 문화의 집이 건립되어 준공식을 했습니다. 청소년들에게도 복음을 전하는 사역을 감당하고자 합니다.

하나님이 부르시는 날까지 세계만방을 다니며 오직 예수 복음을 전하다가 하나님 품으로 안기고 싶습니다.

남은 삶을 성령 하나님께 맡깁니다.

발바닥 전도왕의
살아있는 전도사례집

Chapter 3 — 권경식 장로
전도 성공 사례 활동
축복 소개

직업을 활용한 전도

기왕에 할 바에는 '대한민국 최고의 전도왕이 되자'는 목표로 '예수초청 큰 잔치'에 3000명을 전도하기로 마음먹었습니다. 그런데 남자들은 초청장을 잘 받아 주는데 여자들은 콧등만 끼고 그냥 지나쳐 버리기 일쑤였습니다. 어떻게 하면 여성들을 잘 전도할 수 있을까? 고민하고 기도하던 차에 집사람이 "당신은 예비군 중대장이니까 군복을 입고 다니면 전도가 잘 될 텐데, 왜 사복을 입고 다녀요?"라고 지적해 주었습니다. 아내의 말에 순종하여 군복을 입고 초청장을 내밀자 이제껏 그렇게도 잘 받아 주지 않던 아주머니들이 초청에 응해 주는 것뿐만 아니라 음료수와 커피를 대접해 주며 환대해 주셨습니다. 이렇게 전도가 잘 되는데, 군복을 벗을 이유가 없었습니다. 그날부터 '예수초청 큰 잔치'당일까지 군복을 벗지 않았습니다. '네 직업을 이용하라'는 전도 원칙을 그때 확실히 깨달을 수 있었습니다.

예수초청 큰 잔치를 통한 전도 성공 체험

42일 전도기간 동안 아침밥을 먹지 못했습니다. 새벽 기도 후, 7시 30분까지 전도를 하고 나면 8시부터 시작되는 예비군 교육을 바로 진행해야 했기 때문입니다. 오후 5시에 퇴근하여 전도하고 집에 돌아오면 시계는 벌써 저녁 10시를 가리키고 있었습니다. 간단히 저녁을 먹고, 내일 전도할 곳을 계획하고 일기를 쓰고 나면 12시가 넘습니다. 그러다 보니 잠은 고작 3~4시간밖에 자지 못했습니다. 24시간 연속기도회에서는 새벽 4시~5시가 내 차례로 돌아오기 때문입니다. 비록 시간이 부족했지만, 42일 동안 한 번도 3000명을 전도하지 못한다는 생각을 해 본 적이 없습니다. 하나님은 약속의 하나님이시기 때문에 3000명을 보내주신다는 언약의 말씀을 굳게 믿었습니다. '믿는 자에게 능치 못할 일이 없다'는 성경말씀을 통해 늘 새로운 힘을 얻었습니다.

교회에서 받은 초청장 5000장에 더해 사비로 20000장을 추가로 찍었습니다. 1990년 안강읍 인구가 35000명인 것을 감안하면 동네 주민의 절반 이상이 나를 통해 초청장을 받은 셈입니다. '예수 초청 큰 잔치' 당일에는 안강 전역에 버스 14대를 사비로 운행하고, 식당 두 곳을 선정하여 안강 지역 전 주민들이 잔치에 참여하는 기쁨을 맛볼 수 있도록 도왔습니다. 나뿐만 아니라 안강제일교회 전 성도가 많은 노력을 기울인 덕에, 무려 8,837명이 잔치에 참여했고, 그중 2007명이 결신하는 기적을 이뤄냈습니다.

인간이 최선을 다할 때 기적이 생깁니다. 사람이 자기 마음으로 길을 계획할지라도 그 걸음을 인도하시는 분은 하나님이십니다. '이는 힘으로 되지 아니하며 능으로도 되지 않고, 오직 나의 하나님의 권능으로 되느니라.' 모든 것이 하나님의 은혜로 되는 것을 깨닫고 살아 계신 하나님께 영광을 돌립니다.

꾸준한 개인전도 사역

'예수초청 큰 잔치'를 통해 확신을 얻고 본격적인 생활 전도에 돌입했습니다. 예비군 중대장 신분을 십분 활용하여 군부대 1개 중대를 복음화시키고, 방위병 및 사병 500명을 전도하여 세례를 받을 수 있도록 도와주었습니다. 이들을 전도하기 위해 생일축하 편지를 매년 2000명 예비군 전원에게 15년간 발송하였습니다. 또한 희망지 신문을 직접 만들어 편지에 함께 보내 주기도 했습니다. 기회가 닿는 대로 낙심에 빠져 있는 교도소 환자들에게도 편지를 정기적으로 보내 주었습니다. 일반 장년들 전도에도 17년간 감사편지, 이슬비 전도편지를 적극 활용하였습니다. 최근에는 어린이 전도에도 큰 관심을 갖고 전도하고 있습니다. 500명 전도 목표를 세워 안강제일교회 1000명 출석교인을 이루고자 매일 전도에 힘쓰고 있고, 한 주간 10명의 전도 대상자를 놓고 기도하며 방문하고 전도를 위해 날마다 최선을 다하고 있습니다.

간증 집회를 통한 전도 사역

'예수초청 큰 잔치' 3,170명을 전도 경험을 전국의 교회에 공유하기 위해 지난 30년간 2000여 교회의 초청을 받아 전도 간증을 하였습니다. 서울 충신교회, 왕성교회, 인천 주안장로교회, 대전 중앙교회, 천안 중앙교회, 대구 제일교회, 삼덕교회, 서문교회, 부산 수영노고회, 부산 풍성한교회 포항 제일교회, 전주 안디옥교회 등 전국 곳곳을 돌아다녔습니다.

해외 집회는 미국을 비롯한 호주 시드니 주안교회, 캐나다 토론토에 있는 영락 교회를 비롯하여 여러 교회에서 전도 집회를 한 달 여 동안 진행을 했습니다.

한국교회는 작은 교회가 너무나 많아 작은 교회를 살려야 예수 그리스도 계절을 앞당길 수 있다는 생각을 하고 작은 교회 살리기에 최선을 다하고 있습니다.

전도 부흥회 제목은 '수년 내 부흥케 하옵소서'로 부흥회 프로그램은 2박 3일 동안 총동원 전도 및 개인전도 모델을 제시하는 것에 중점을 두고 있습니다. 또한 실제 전도에 적용할 수 있는 전도왕 컨퍼런스 12주 프로그램을 지속적으로 개발하여 교육 자료를 만들고 있습니다. 총동원 전도, 새 생명 초청 축제, 해피데이 뉴패밀리 귀빈초청 축제 등의 강사로 30분간 불신자들에게 신앙 간증 및 말씀을 전하고 나면, 대부분의 불신자가 예수를 믿겠다고 결단하는 사건이 매주 이어졌습니다. 특히 경주시 안강 영락 교회 집회 때는 2300명 중 1300명이 결신하는 놀라운 역사가 있었습니다.

또한 언론매체를 통해서도 전도 간증을 꾸준히 하고 있습니다. 그간 서울 CBS 방송국 '새롭게 하소서', CTS 방송국 내가 매일 기쁘게 및 대구 CBS 방송국, 극동방송 엑스포 강사, 그리고 기독공보, 크리스챤 헤럴드, 국민일보를 통해 전도 노하우와 선행한 일들이 소개되었습니다.

끝으로 『발바닥 전도』 책에 '예수 초청 큰 잔치'를 준비한 42일 간의 생생한 경험을 담아 두었습니다. 바쁜 전도 일정 중에도 매일매일 일기를 쓴 것이 큰 도움이 되었습니다. 돌이켜 보면 일기를 통해 매일매일 반성하고 치밀한 계획을 세웠던 것이 나의 전도 능력 향상에 큰 도움이 되었습니다.

지역사회와 함께하는 장로 리더십

교회 안에서만이 아닌 교회 밖 지역사회에서도 장로의 본분을 다하기 위해 애쓰고 있습니다. 예비군 중대장 재직 당시에 '큰 교회 장로들조차 지역사회 일에 너무 무관심하다'는 핀잔을 많이 들어 왔었기에, 지역사회와 함께 호흡하는 장로를 꿈꿔 왔습니다. 2005년 35년간의 군 생활을 정년퇴임 하면서, 사회봉사단체 등대회를 창립하여, 무의탁 노인을 돕는 무료 반찬 급식 운동의 기반을 마련하였습니다. 또한 독거노인, 소년소녀 가장, 장애인, 환자, 빈곤 가정을 대상으로 무료급식, 반찬(쌀, 라면, 고추장, 된장),

빵, 음료수 등을 매주 1회 나눠주고 있습니다. 또 청소년들의 중요성을 알고 공부방을 개설하여 중학교 학생들에게 무료로 밤 7시부터 10시까지 현직 선생님이 오셔서 무보수로 봉사하며 가정 형편이 어려운 학생들에게 장학금을 지원하고, 결식아동들을 돕기 위해 노력하고 있습니다. 청소년들을 위하여 청소년 문화의 집을 건립을 추진하여 준공 했습니다. 청소년 문화의 집에서 비행청소년들을 선도하며 청소년들에게 복음을 전하는 일에 최선을 다하고자 합니다. 비록 많은 재물을 가지고 있지 않지만, 주님의 이름으로 거룩한 일을 계획하고 시작하면, 그때그때 합당한 사람을 붙여 주신다는 것을 의심치 않습니다.

하나님의 한량없는 축복

백부장의 믿음으로 주님의 사역을 시작하자, 하나님께서는 한량없는 축복을 허락해 주셨습니다. 무엇보다 감사한 것은 그동안 그렇게 중요하게 생각했던 세상의 부와 명예가 부질없음을 깨닫고 영의 눈을 가지게 되었다는 것입니다. 예수 초청 큰 잔치 이후 포항 남부교회 최이식 목사님 집회에 참가하여 합심 기도하는 중 병원에서도 고치지 못한 간질환 병이 성령의 불을 받아 깨끗이 치유되기도 하였습니다. 증권과 땅 투기로 진 2억의 빚도 청산할 수 있는 계기를 허락하셨습니다. 세 자녀 또한 모두 제각기 자신이 희망하는 분야를 공부하며 미래를 설계해 가고 있습니다.

특히 막내아들은 초등학교 4학년 때 산수경시대회에서 1등을 하고 과학고를 거쳐 포항공대 대학원을 졸업하고 대기업 연구소에서 연구에 매진하고 박사학위를 받기 위하여 미국을 거쳐 캐나다 토론토 대학 경영학 박사를 취득, 호주 뉴 사우스 웨일즈 대학 교수로 임용되었습니다. 무엇보다 믿음의 유산을 세 자녀 모두 물려받아, 믿음의 반석에서 인생을 살아가고 있는 점이 가장 흐뭇합니다.

하나님의 은혜로 기나긴 군생활 35년간 아무 사고 없이 정년퇴임을 할 수 있도록 인도해 주심에 감사를 드립니다.

군생활 동안 대통령 포장을 경북 대구시에서 1번으로 받게 하시고 모범중대장으로 선발되어 서울 중앙초청행사 대한민국 좋은 곳을 다니며 구경하고 정년퇴임 시에는 50사단의 군악대가 울려 펴지는 가운데 보국 훈장 광복장을 수상하여 대한민국 국가유공자가 되어 국가가 지급하는 연금을 천국 갈 때까지 받아 노후를 책임지게 하신 하나님께 감사와 영광을 돌립니다.

지상과제인 전도 사명을 되새기며

85년도 6월, 형님이 교통사고로 돌아가셨을 때, 안강제일교회에서 장례 절차 및 아픔을 같이해 주는 것을 보고 큰 감동을 받았습니다. 그 후, 아내의 손에 이끌려 38세에 하나님을 나의 구주로 받아들였습니다. 89년에 세례받고, 100일 작정 새벽기도를 통해 큰 은혜를 받았습니다. 하나님은 이듬해에 초신자와 다름없는 나를 전도의 도구로 사용하셨습니다. 전도왕에 이어, 장로로 장립하게 하신 하나님 아버지의 크신 은혜에 감사드립니다.

이제 안강제일교회 장로가 아니라 안강읍, 나아가 대한민국, 아니 세계의 장로가 되어 주님의 지상명령인 '땅끝까지 이르러 내 증인이 되리라'는 말씀에 순종하는 사명자가 되어 이 한 목숨을 바치려고 합니다. 사명을 잘 감당할 수 있도록 많은 기도를 부탁드립니다.

발바닥 전도왕의
살아있는 전도사례집

Chapter 4 ———————— 살아있는
전도사례

거듭 방문하면 열리는 마음문

왕년의 청년회장

이발소에서 이발을 하는데 뒤에서 하는 말이 들렸습니다.

이야기를 들어 보니 왕년에 교회에 다녔는데 청년회 회장을 했다고 자랑하고 있었습니다.

이발을 마치고 물어보았습니다. 왕년에 청년회 회장을 했다는데 지금은 예수를 믿고 있느냐고 물었더니 지금은 교회에 출석하지 않는다고 했습니다.

"왕년이 중요한 것이 아니고 지금이 중요합니다. 지금 예수를 믿어야지 왕년에 믿은 것은 소용이 없습니다. 지금 예수를 믿는 것이 중요합니다. 나하고 같이 안강제일교회 출석합시다. 당신의 마음속에 하나님이 늘 계셨습니다. 하나님은 한번 택하신 사람을 절대로 버려두지 않습니다."

그는 지금까지 술이나 먹고 담배나 피우며 파란만장한 삶을 살았습니다. 청년 때 예수를 믿었던 사람이 50대 중반이 되었는데 교회를 다니지 않고 세상에서 방황하고 있었습니다. 하나님을 잊어버리고 세상과 벗을 삼아 왔으니 삶이 형통할 리가 없었습니다.

세상에서 방황하는 그를 교회로 인도하는 사람이 여지껏 없었습니다.

나는 다시 그를 하나님의 품으로 데리고 가기로 결심을 했습니다.

"교회 다시 갑시다. 하나님은 지금도 당신을 기다리고 계십니다."

하루라도 빨리 가자고 했습니다.

그 후 교회에 간다는 약속을 수없이 했지만 찾아가면 이 핑계 저 핑계 대면서 수도 없이 약속을 어겼습니다. 하도 약속이 안되어 이번만은 확실히 약속을 하자고 단단히 말해 두어도 사무실에 찾아가면 오늘따라 친구 아들 결혼식에 간다고 또 못 간다는 대답이 돌아왔습니다.

아예 교회에 가는 날을 달력에 표시를 했는데도 마찬가지였습니다.

그러다가 이번에는 꼭 약속을 지키리라 믿고 달력에 다시 표시를 했습니다.

주일날 10시 30분에 사무실에서 만나기로 하고 찾아갔더니 사무실 문은 열려 있는데 사람은 아무도 없었습니다.

또 약속을 어기고 사라졌는가 생각하여 전화를 걸었는데 사무실 앞에 있는 이발소에서 정장을 하고 나타나는 게 아닙니까.

안도의 한숨을 쉬었습니다.

승용차를 타고 교회로 가서 등록하고 예배시간에 새신자 환영노래를 부르고 꽃을 선물로 주었습니다.

이날 설교는 산상수훈 팔복에 관한 것이었습니다.

예배를 마치고 새신자 실에서 목사님을 만나 사진촬영을 하고 상담한 다음 기도를 받고 한다는 말이, "권경식 장로님이 50번 이상 수도 없이 찾아와서 교회에 다시 왔다."고 해 주었습니다.

그 말을 듣는 나는 흐뭇한 마음이 들면서 진심으로 기쁘고 즐겁고 행복했습니다.

이후 주중에 만났는데 그의 얼굴이 밝아 보이고 생기가 도는 것 같았습니다.

내일 모레 교회에서 만나자고 했더니 성경책이 없다고 합니다.

나는 그 말에도 너무나 기뻐서 성경책은 내가 한 권 드릴 테니 걱정하지 말고 교회에 출석하라고 하였습니다.

주일날 교회에 일찍 도착한 그에게 성경책 한 권을 준비해 두었다가 드렸더니 너무 좋아했습니다.

저녁 식사를 대접하고 싶다고 전화가 왔습니다.

지금까지 수많은 사람을 전도해도 말로는 고맙다고 많이 해도 식사를 대접하는 사람은 못 봤는데 감개가 무량했습니다.

식당에 갔더니 친구와 함께 와 있었는데 본인들은 돼지고기를 먹고 나는 소고기를 시켜서 대접해 주었습니다.

천하보다 귀한 한 영혼을 교회로 인도했으니 이것보다 더 기쁜 일이 어디 있을까요.

교회에 출석하여 열심히 신앙생활을 하는 모습을 보니 이제 그가 무슨 일을 하더라도 형통하며 하나님이 인도하시고 함께하실 것입니다.

너는 말씀을 전파하라 때를 얻든지 못 얻든지 항상 힘쓰라 범사에
오래 참음과 가르침으로 경책하며 경계하며 권하라.
(디모데 후서4;2)

성령이 임하여 식당 부부 전도

시골순대 식당을 운영하는 부부가 있었습니다.

식당에 갈 때마다 언제나 사이좋게 열심히 일하는 모습이 마냥
행복하게 보였습니다.

식당을 자주 다니다 보니 얼굴도 친숙하게 되었습니다.

한 달에 한 번씩 기동중대 사병들의 점심을 대접하는데 사병들
도 이 식당에서 식사할 때마다 너무 맛있게 먹는 모습에 기분이
좋습니다.

하루는 가족사항을 물어보았더니 아들이 한 명 있는데 중학교
에 다니고 있다고 합니다.

아들을 안강제일교회 중등부에 보내 달라고 말씀드렸더니 아
들에게 말해 보겠다고 합니다.

며칠이 지나서 물어보니 이번 주에 가기로 약속했다고 말했습
니다.

그 주에 아침 일찍이 집을 찾아가서 아들을 데리고 교회에 가

서 중등부에 등록을 했습니다.

아들을 교회로 보내 주셔서 감사한 마음이 들어 가급적이며 식당을 많이 이용하면서 전도를 시작했습니다.

설득 끝에 아내분이 먼저 출석하기로 약속을 받고 등록하였습니다.

그런데 한번 출석해서 등록한 다음부터 일체 교회에 출석하지 않았습니다.

아무리 가서 이야기해도 소용이 없었습니다.

그 후 일 년이라는 세월이 흘렀습니다.

이제 남편을 설득하여 교회 출석하기로 약속을 받고 교회 출석하여 등록을 하였습니다.

하지만 남편도 한 번 출석해서 등록한 다음부터 일체 나오지 않았습니다.

부부가 한 번 출석하고 그다음부터 2년을 다니면서 설득해도 교회 나가고 싶은 마음이 없다는 것입니다.

그래도 절대로 포기하지 않고 식당에 갈 때마다 교회 나가자고 말하고 계속해서 기도를 했습니다.

때로는 좋은 책을 사다 드리고 토요일마다 메시지를 보내고 갈 때마다 대화를 쉬지 않고 나누었습니다.

교회만 출석하지 않았다 뿐이지 저와는 정말 대화도 잘되고 아주 친숙한 관계가 되었습니다.

어느 날 찾아갔더니 성경책을 읽고 있었습니다.

그리고 하는 말이 오늘 낮에 교회에 가 보았다고 합니다.

그 이튿날 토요일에 전화가 왔습니다.

내일 교회에 가고 싶다고 말해서 부부를 그 주에 다시 전도하여 등록시키고 예배시간에 환영해 주고 목사님을 만나서 기도를 받게 하였습니다. 그렇게 다시 신앙생활이 시작되었습니다.

놀라운 것은 초신자인데도 감사헌금을 드리고 새벽기도회까지 참석을 했다는 것입니다.

하루는 가서, "일주일 동안 하루를 쉬는데 지금까지는 토요일날 쉬었지만 그렇게 하지 말고 기왕에 쉴 바에는 주일날 식당 문을 닫고 쉬는 것이 주일성수다."라고 말했더니 그다음 주부터 일요일에 식당 문을 닫고 주일성수를 잘하는 모범적인 신앙생활을 하고 있습니다.

세례를 받고 어느 날 찾아갔는데 선물을 준비하여 건네는 것이 아닙니까. 게다가 저에게만 주는 것이 아니라 집사람 몫의 선물까지 주었습니다.

신앙생활에 관하여 말씀을 드리면 순종하고 지키려고 노력하는 모습이 너무 아름답습니다.

부부는 한결같은 마음으로 언제나 자신이 경영하는 시골순대식당을 꾸려 가며 욕심도 부리지 않고 최선을 다하고 있습니다.

하나님은 이 가정을 축복해 주셔서 좋은 주택도 허락해 주셨습니다.

요즈음 들릴 때마다 저보고 좋은 차를 대접하고 늘 식사하라고 말씀을 하셔서 얼마나 행복한지 모릅니다.

아들은 고등학교에 입학하여 열심히 공부를 하고 있습니다.

아름다운 신앙의 가정이 되어서 나날이 하나님이 함께하시는 행복한 가정이 되었습니다.

3년이라는 세월을 포기하지 않고 찾아가서 기도하고 전도했더니 성령이 임하여 부부의 마음을 움직였습니다.

사람의 힘으로는 절대로 전도할 수가 없는 일도 성령의 역사로 전도된다는 사실을 깨닫게 되었습니다.

오직 성령이 너희에게 임하시면 권능을 받고 예루살렘과 온
유대와 사마리아 땅끝까지 이르러 내 증인이 되니라 하시니라.
(사도행전 1;8)

이삿짐 오는 날 배려 예비군 전도

어느 날 예비군 훈련을 하는데 마치는 시간이 되어 갈 때 자신을 조금만 빨리 보내 달라고 말하는 이가 있었습니다.

이유를 물어보니 부산에서 이삿짐이 도착한다는 것입니다.

사정이 딱하게 보이고 훈련 마치는 시간도 얼마 남지 않아 승낙을 했습니다.

나중에 사병들과 회식을 하는데 우연히 옆자리에서 만나게 되었습니다. 그는 지난번엔 감사했다는 말을 하고 맛있는 음료수를

대접해 주었습니다.

그것이 인연이 되어 그가 경영하는 동양 목공소에 자주 들르면서 친숙하게 되었습니다.

전도할 목적으로 계속 방문을 했는데 부인으로부터 사장님이 술을 많이 드신다는 사실을 듣게 되었습니다. 술을 먹지 않으면 너무나 좋은 분인데 술만 드시면 좋지 않은 행동이 나와서 집안을 공포 분위기로 몰아간다고 합니다.

예수를 믿으면 술도 끊고 가정이 화목할 수 있다는 말씀을 자신 있게 드렸습니다.

전도하기 위해서 시간만 나면 방문해서 안부를 묻고 위로의 말, 격려의 말을 하고 사업이 더 번창하기를 기도했습니다.

그리고 예수 믿으라고 갈 때마다 권면을 했습니다.

정말 끈질기게 수십 차례 찾아간 결과로 교회에 출석하기로 약속을 받았습니다.

안강제일교회에 등록하여 열심히 잘 다니고 있었는데 어느 날부터 교회 출석을 하지 않았습니다.

왜 출석하지 않느냐고 물었더니 교회 나갔더니 교통사고가 났다는 것입니다.

교통사고는 교회 출석해서 생긴 것이 아니고 부주의, 실수로 인하여 생긴 것이라고 말해도 막무가내로 말을 듣지 않았습니다.

아무리 찾아가도 꼼짝도 하지 않았습니다.

하루는 아이디어가 번쩍 떠올랐습니다.

찾아가서 이 말을 꼭 해야겠다고 결심했습니다.

교회 출석할 때까지 찾아온다고 선언을 하고 절대로 절대로 포기하지 않겠다고 말하고 계속 찾아갔습니다.

수십 차례 찾아갔더니 다시 교회로 출석하겠다는 대답을 들을 수 있었습니다.

다만 우리 교회로 오지 않고 누나가 다니는 중앙교회에 출석을 했습니다.

그러는 와중 저는 다른 지역으로 인사이동이 되었습니다.

인사이동이 된 곳 사무실이 고칠 것이 많아서 내부수리를 하는데 직접 와서 사무실 수리를 무보수로 도와주셨습니다.

생각해 보니 너무나 고마운 분이었습니다.

시간이 조금 지나서 다시 부산으로 이사를 갔습니다.

부산에서 교회를 다니는데 얼마나 열심히 신앙생활을 하시는지 성가대원도 하시고 기도를 열심히 하는 믿음의 사람이 되어 집사 직분을 받아 행복한 가정을 꾸리며 사업도 번창하여 남부럽지 않은 멋진 신앙생활을 하고 있었습니다.

예비군 지휘관을 정년퇴임하고 봉사단체 등대회를 설립했는데 후원자가 되어서 매월 후원을 하고 있습니다.

부산간증 집회를 간다고 했더니 꼭 참석하겠다고 하셨는데 부부가 참석하셔서서 맨 앞줄에 앉아 큰 은혜받고 하시는 말씀이 중대장님은 제 생명의 은인이라고 합니다.

예수 믿기 전 술을 먹으면 집에 와서 행패를 부리던 사람이 예수 믿고 새사람이 되었습니다.

전도는 영혼을 구원시키는 일이자 한 사람의 인생을 변화시키는 일입니다.

전도하는 사람이 대한민국의 최고의 애국자임을 믿으시기 바랍니다.

많은 사람을 전도하면 이구동성으로 하는 소리가 있습니다.

교회에 출석했더니 집안에 사고가 나고 우환이 생기고 어려운 일이 닥쳐서 교회 못 가겠다는 말을 수차례 들었습니다.

이런 말을 할 때 그렇지 않다는 말로 잘 설득하고 절대로 포기하지 않는 것이 가장 중요한 일입니다.

절대로 절대로 절대로 포기하지 말고 끝까지 전도하십시오.

전도에 있어서 가장 중요한 것은 절대로 절대로 절대로 포기 않는 것입니다.

내 말과 네 전도함이 설득력 있는 지혜의 말로 하지 아니하고 다만 성령의 나타나심과 능력으로 하여 너희 믿음이 사람의 지혜에 있지 아니하고 다만 하나님의 능력에 있게 하려 하였노라.

(고전2;4-5)

총동원 주일의 중요성

우리 집 한 울타리 안에 평생 예수를 믿지 않고 살던 할머니가 있었습니다.

마음씨도 곱고 항상 열심히 일하시고 친절한 할머니였습니다.

항상 저를 보고 아들 이름을 따 준범이 아버지라고 불렀습니다.

우리 교회 예수초청 큰 잔치 때 할머니를 교회에 모시고 갔습니다.

그날부터 예수를 믿기로 한 할머니는 주일성수는 말할 것도 없이 잘 지키고 새벽 기도회까지 매일 출석하셨습니다.

늦은 나이에 예수님을 영접했는데 얼마나 열심히 신앙생활을 하는지 보는 사람마다 감동을 받을 정도입니다.

연세가 많아서 허리는 좀 굽었지만 걸음걸이도 젊은 사람 못지않게 잘 걸어 다니시고 건강도 대단히 좋았습니다.

우리 교회에서 제주도에 관광을 갈 때 제일 연세가 많으셔서 목사님이 걱정을 했는데 걱정이 무색하게 얼마나 잘 걷고 모든 것을 수월히 해내시는지 놀라울 정도였습니다.

예수를 열심히 믿으니 항상 성령이 충만합니다.

늦은 나이에 예수를 믿었지만 먼저 믿는 사람보다 훨씬 더 열심히 신앙생활을 하기에 모든 성도님들의 본이 되었습니다.

할머니는 신앙생활 시작한 지 10년이 넘어 90세가 되는 해에 하나님의 부르심을 받아 천국으로 떠나셨습니다.

할머니의 딸 되는 분도 어머님이 늦게 예수를 영접하여 신앙생활을 잘하시는 모습을 보았으니 당연히 교회에 출석하여 예수를 잘 믿을 줄 알았지만 그렇지 못했습니다.

　그 딸을 전도하기 위해서 수없이 찾아갔건만 항상 다음에 간다고 합니다.

　할머니가 돌아가신 지도 벌써 3년이라는 세월이 흘렀습니다.

　하루는 선물을 들고 찾아갔더니, "준범이 아버지, 이번 설 쉬고 난 다음 꼭 교회 출석하겠습니다."라고 약속을 했습니다.

　선물을 보고 기분이 좋아서 마음문이 열린 것일까요?

　선물은 크든 작든 받는 사람들의 기분을 좋게 합니다.

　설 명절을 쉬고 찾아갔더니 약속대로 교회에 등록을 했습니다.

　그 어머니의 그 딸이었습니다.

　그렇게 예수를 믿으라고 수없이 가도 안 믿던 딸이 이제는 얼마나 예수를 잘 믿는지 주일성수는 말할 것도 없이 잘 지키고 새벽 기도회에도 한 번도 빠짐없이 출석합니다.

　예수 믿는 것이 이렇게 좋은데 왜 늦게 예수를 영접했는지 후회도 합니다.

　어머님 살아생전에 같이 신앙생활 했으면 정말 좋았을 텐데 하는 아쉬움도 내비쳤습니다.

　아무리 전도하려고 노력해도 안 되는 사람이 많이 있습니다.

　그럴 땐 아직 때가 되지 않았나 하고 생각합니다.

　이분도 그렇게 교회 가자고 수없이 말해도 항상 다음에 간다고 하다가 하루아침에 바뀌어서 신앙생활을 하는 것을 보면 신기할 정도입니다.

　이분을 전도하면서 저 자신이 깨달은 것은, 교회 가지 않는다고 하여 포기해서는 안 된다, 늘 권면하면서 때를 기다려야 한다는 것입니다.

지금도 전도 대상자가 수없이 많은데 이들을 구원시키기 위하여 끊임없이 찾아가야 하며 끝까지 인내하여야 합니다.

절대로 절대로 절대로 포기해서는 안 됩니다.

이분을 전도할 때도 사실 도중에 포기하고 싶은 생각이 있었습니다.

어머님은 예수를 그렇게 잘 믿었는데 딸은 왜 어머님을 따라 선뜻 예수를 믿지 않는가에 대해서 야속한 생각도 들었습니다.

이제 어떤 사람이라도 제 생애에서 포기하는 사람은 없습니다.

지금 전도하고자 하는 사람들이 예수를 믿을 때까지 끝까지 찾아가서 권면하고 기다릴 것입니다.

천하보다 귀한 한 생명을 구원하는 일은 결코 쉬운 일은 아닙니다.

하지만 끝까지 인내하고 참고 견디면 반드시 구원시켜 주실 줄 믿습니다.

안강제일교회에서는 불신자들을 전도하기 위해서 예수초청 큰 잔치 행사가 열렸었습니다. 1990년 8월 12일부터 9월 23일까지 42일간 전도기간을 정하고 행사를 실시한 결과 8837명이 초청이 되었는데 예수를 믿겠다는 결신자가 2007명이나 나왔습니다. 이때 제가 3170명을 초청하여 대한민국 초유의 발바닥 전도왕이 되었습니다.

예수초청 잔치가 없었더라면 이 가정을 구원시킬 수 없었을 것입니다.

끊임없는 불신자 초청 총동원 주일을 실시해서 복음의 씨앗을
뿌려야 합니다.

너희는 온 천하에 다니며 만민에게 복음을 전파하라.(막 16;15)

총동원 주일

타 지역에서 이사 와 만난 인연

울산에서 안강으로 이사 오신 분이 계셨습니다.

친구로부터 소개를 받았는데 저보다 몇 살 많아서 형님으로 부르기로 했습니다.

마침 우리 집 가까운 곳에 집을 얻게 되어 이웃사촌이 되었습니다.

나는 가끔 전화로 안부를 묻고 시간이 나는 대로 집을 찾아갔습니다.

가정형편을 물어보니 부인은 일본에 계시고 아들은 울산에서 회사 부사장으로 계시며 교회에서 성가대 지휘를 한다고 말했습니다.

형님을 어떻게 하면 전도할 수 있을까 궁리해 보았습니다.

하루는 형님을 찾아가서 내가 출석하고 있는 우리 교회에 출석하자고 했더니 교회에 대해서 아무것도 모르고 "지금 내가 예수 믿어서 무슨 소용이 있느냐. 우리 아들이 예수를 믿고 있으니 됐지."라고 말씀하시면서 교회 가실 생각이 전혀 없었습니다.

그러나 전도하기로 마음을 먹었는데 절대로 포기할 수는 없었습니다.

나는 시간이 나면 선물을 들고 찾아가서 안부도 묻고 건강상태도 물으면서 친하게 지냈습니다.

그를 소개해 준 친구도 예수를 믿고 있어서 친구에게도 부탁을 했습니다.

그가 안강에 온 지도 1년이라는 세월이 흘러 만나면 형님이라고 자연스럽게 부르게 되었습니다.

어느 날, "형님 이제 우리 교회 출석 하시지요. 저와 같이 예수 믿고 천국 갑시다. 동생이 형님한테 날마다 부탁하는데 동생소원 한번 들어주십시오."라고 진심으로 이야기를 했더니 그때서야 하는 말, "그래 나도 동생 따라 교회 한번 출석해 볼 생각이다."라고 말씀하시는데 얼마나 고마운지요. 그 말을 듣는 순간 눈에서 눈물이 핑 돌았습니다.

"형님 이번 주에 집에 계시면 승용차로 저와 같이 교회 가면 되니까 집에 가만히 계십시오."

단단히 약속을 했습니다.

주일날 아침 집으로 가니까 교회 출석한다고 옷을 차려 입고 기다리고 계셨습니다.

교회 출석하여 등록하고 목사님을 만나 선물도 받고 기념 촬영도 하니까 기분이 좋아서 싱글벙글 이었습니다.

목사님께서 신앙생활 열심히 하시라고 당부를 하신 다음 간절한 기도를 하셨습니다.

그 후 주일날 한 주도 빠짐없이 열심히 신앙생활을 잘하였습니다.

그해 추석 이튿날이 되었습니다.

집에 있으니 전화 한 통이 요란스럽게 소리를 울립니다.

전화를 받아 보니, "아버지를 교회에 모시고 가셔서 감사합니다. 오늘 제가 아버지 집에 왔으니 한번 찾아뵙고 가려고 합니다." 하며 집에 계시니 조금 후에 찾아뵙겠다는 것입니다.

전화를 끊고 조금 있으니 젊은 사람 한 분이 우리 집을 찾아왔습니다.

얼른 나가서 마중을 하고 누구냐고 물었더니 아버지의 존함을 말씀드리면서 아들이라고 소개하고 아주 정중하게 인사를 합니다.

정말 감사하다고 말하면서 손에 들고 온 선물을 건네주었습니다.

아버지를 전도했다고 선물을 들고 온 아들은 처음 보았습니다.

'정말 이 아들이 효자다. 아버지를 구원시킨 일이 최고로 소중한 일이라는 것을 알고 있는 아들이야말로 최고의 효자 아들임이 틀림이 없다.'

아버지를 방문할 때마다 전화도 오고 식사 대접도 받았습니다.

그 후 형님은 열심히 신앙생활을 하여 세례를 받게 되었습니다.

세례를 받는 날 꽃다발을 준비해서 축하를 했습니다. 멀리 있는 아들 며느리가 모두 참석하셔서 세례를 받는 아버지를 축하하였습니다.

아들은 정중하게 저에게 말했습니다.

"아버지를 전도해 주셔서 감사를 드립니다. 오늘은 제가 식사 대접을 좋은 식당에서 하려고 합니다. 꼭 참석해 주시기 바랍니다."

안타깝게도 그날 전도 간증 집회가 있어서 식사는 대접받지 못했지만 참으로 즐겁고 행복한 시간이었습니다.

천하보다 귀한 한 생명을 구원하는 일만큼 중요한 일은 없습니다.

내가 복음을 부끄러워하지 아니하노니 이 복음은 모든 믿는 자에게 구원
을 주시는 하나님의 능력이 됨이라 먼저는 유대인에게요
그리고 헬라인에게로다.(롬1;16)

어린 시절의 이웃집 어른

어려서 살던 곳 옆집에 젊은 아주머니가 계셨습니다.

시집와서부터 얼마나 열심히 살려고 노력하는지 정말 밤잠을 자지 않고 일하는 모습을 볼 수 있었습니다.

그분의 성공담을 들어 보니 시집올 때 닭 한 마리만 가지고 와 지금은 큰 양계장을 이루었다고 합니다.

얼마나 열심히 인생을 살았는지 느껴졌습니다.

슬하에 삼남매를 열심히 공부시켜 모두가 훌륭한 인물이 되었습니다.

인생을 참으로 값지게 훌륭하게 살아오신 어르신이었습니다.

이제 어느 정도 성공하셨지마는 근면 검소하여 아직도 노는 날이 없으십니다. 만나러 갈 때마다 항상 일을 하고 계십니다.

조그만 자동차 부품 하청 업체가 있는데 그곳에서 일거리를 가지고 오셔서 매일같이 일을 하십니다.

어르신을 전도하기 위해서 수도 없이 찾아가서 예수 믿으라

고 해도 늘 다음에 예수 믿는다고 하여 어떻게 할 방법이 없었습니다.

설날이 되어서 집사람과 같이 찾아가 세배를 하였더니 "이 늙은 사람을 찾아 주셔서 감사합니다."라고 말씀하시는데 저야말로 얼마나 감사한지요.

자주 찾아뵙지 못한 것이 후회스러웠습니다.

그 이후 자주 찾아뵙고 인사를 드렸더니 할머니 마음문이 열리기 시작했습니다.

하루는 어르신 딸이 독일에 있는데 저에게 메일이 왔습니다.

우리 어머님 교회 모시고 가서 예수 믿게 해 달라는 메시지였습니다.

어머님에게도 말씀을 잘 드려 놓겠다고 하여 오늘은 큰마음을 먹고 찾아갔습니다.

"어르신, 이제 우리 교회 저하고 같이 출석하시지요." 했는데 어찌된 일인지 전 같으면 핑계를 대실 터인데 오늘은 첫마디에 교회 가려고 마음을 먹고 있었다고 하십니다.

그렇게 마음문이 열리지 않았는데 순식간에 마음문이 열리게 되었습니다.

독일에 있는 딸의 간절한 기도가 있었기에 일어난 일이었습니다.

그 주에 어르신을 모시고 가서 교회에 등록시켰습니다. 지금은 열심히 신앙생활을 하게 되었습니다.

하루는 찾아갔더니 하시는 말씀이 "장로님, 기도를 했더니 즉시 응답이 되더라."고 하십니다.

"무슨 기도를 하셨습니까." 했더니, "저 앞에 보이는 저 사무실이 지난번에는 식당이었는데 식당을 하니까 사람들이 많이 왔다 갔다 하여 집이 복잡하고 지저분하였다. 사무실처럼 조용한 곳으로 바뀌었으면 좋겠다고 생각했는데 이번에 사무실 하는 분이 들어 왔다."고 말했습니다.

교회 출석하신 지 얼마 안 되시는 분이 너무 믿음의 확신이 강해서 제가 놀랐습니다.

시간이 흘러 세례를 받으시고 열심히 신앙생활을 하시고 기도를 많이 하십니다.

제가 가면 언제든지 손에 돈 2만 원을 쥐어 주시면서 좋은 일에 사용하라고 하십니다.

저는 그 돈을 우리 등대회 월회비로 내기로 작정했습니다.

할머니는 교회 오시면 늘 제가 어디 있는지 먼저 찾으시고 많은 군인들을 전도해서 데려온다며 칭찬을 아끼지 않습니다.

교회를 얼마나 사랑하시는지 우리 교회 입구에 공터가 있는데 십시일반 물질을 내어서 그 공터를 구입하자고 늘 저에게 말씀하셨습니다.

아들이름을 부르면서 우리 아들도 예수 믿게 해 주고 지금 하고 있는 회사가 잘 되게 해 달라고 기도를 부탁하셨습니다.

그러던 중 독일에 사는 딸이 한국에 휴가를 왔습니다.

주일날 교회에서 만났는데 얼마나 반가운지요. 감격의 예배를 드렸습니다.

예배를 마치고 어머님을 전도해 주셔서 감사한다는 정중한 인사를 받았습니다.

그날 저에게 독일에서도 아주 귀한 약을 선물로 주셨습니다.

저는 사실 어르신의 아들과도 상당한 친분이 있습니다.

어린 시절 동네에서 함께 자랐고 예비군 읍대장 시절에 저와 같이 근무를 했습니다.

이제는 전역 후에 사회해서 열심히 노력하여 중소 기업회사를 운영하는 사장님이 되었습니다.

어머니를 잘 모시는 효자 아들입니다.

어머님에게 잘해 주어 고맙다고 제가 설립한 등대회에 많은 금액으로 매월 후원을 하고 있습니다.

어머님의 눈물 어린 희생으로 삼남매가 훌륭한 사람들이 되었습니다.

어머님의 힘이 얼마나 강한지 보여 주었습니다.

무엇보다도 어른신이 얼마나 신앙생활을 즐겁고 기쁜 마음으로 하시는지 보고 있으면 마음이 뿌듯합니다. 전도하는 자만이 느낄 수 있는 행복입니다.

한 영혼을 교회에 전도해 왔을 때의 기분은 천하를 다 준다 해도 바꿀 수 없는 기쁨으로 솟아오릅니다.

전도는 어른을 진심으로 공경하는 마음을 가질 때 가능하다는 확신을 했습니다.

많은 사람들을 옳은 데로 돌아오게 하는 자는 영원토록 빛나리라.(단12;3)

3월 12일	새가족: 이경분	인도자: 권경식 집사
	산대4리/1여	

어려서 살던 이웃집 어른 전도

끈질긴 전도만이 살 길

우리 교회에 신앙이 좋고 열심히 예배하는 여집사님이 계십니다.

그는 신앙생활을 통하여 많은 것은 경험했기에 남달리 신앙심이 강했습니다.

몸이 좋지 않았지만 예수를 열심히 믿고 기도도 열심히 하여 깨끗이 병 고침을 받았습니다.

그리하여 건강한 몸으로 아직도 아파트에서 수년째 열심히 일을 하고 있습니다.

그런데 남편이 예수를 믿지 않으니 제일 큰 걱정입니다.

아무리 남편을 설득해도 남편은 끄덕도 하지 않는답니다.

부인이 하도 교회 출석하자고 하니 남편이 젊은 나이에 부인에게 약속을 했습니다.

그가 하는 말, "내가 60살이 되면 교회출석해서 예수를 믿는다."

그 약속을 했기에 할 수 없이 60살이 될 때까지 기다리기로 했습니다.

세월이 흘러흘러 약속한 60살이 되었는데도 교회 출석할 생각은커녕 언제 내가 그런 약속을 했는지조차도 잊어버리고 아무렇지 않게 지내고 있었습니다. 지금 생각해 보니까 건성으로 시간을 보내기 위해서 적당히 약속을 한 것입니다.

부인이 약속을 지키라고 아무리 애원을 해도 막무가내였습니다.

할 수 있는 대로 모든 수단을 강구했으나 모든 일이 허사가 되었고 물거품이 되었습니다.

하루는 저를 찾아와서 하시는 말씀이, "우리 남편 60살 되면 예수 믿는다고 약속을 했는데 지금 60이 넘었는데도 예수 믿을 생각을 하지 않고 있어 장로님한테 우리 남편 전도를 좀 부탁하러 왔습니다. 장로님 바쁘시더라도 우리 남편 전도해 주십시오." 하고 부탁을 했습니다.

부탁을 받은 저도 기분이 좋았습니다.

죽어 가는 영혼을 살리고자 하는데 이것보다 더 즐겁고 기쁜 일이 어디에 있겠습니까.

　저는 이분뿐만 아니라 많은 사람들에게 전도 부탁을 받을 때
마다 즐겁고 기쁩니다.

　"열심히 한번 전도해 볼 테니 집사님도 기도하면서 열심히 도
와주십시오."라고 부탁을 단단히 드렸습니다.

　전도하기 위해서 집을 방문하여 예수 믿으라고 말씀을 드리면
시간이 없다는 핑계와 바쁘다는 핑계를 대는데 다른 일로 바쁜
것이 아니라 문중의 일로 바쁘다고 합니다.

　문중의 일이 얼마나 많은지 항상 핑계를 대는데 내일은 문중
벌초날이고 그다음은 회의날이고 그다음은 묘사날이고 갈 때
마다 문중의 일이 없는 날이 없었습니다.

　하루는 토요일 저녁에 방문을 했더니 또 문중핑계를 말씀하시
는데 부인 집사님이 "내일은 문중의 일이 없잖아요. 그런데 또
거짓말하네요." 했더니 아무 말씀을 않으시고 머뭇거리십니다.
저는 재빨리 말씀을 드렸습니다.

　"내일은 문중의 일이 없으니 교회 출석을 하십시오. 교회에 출
석해서 예배를 드리고 난 다음 교회란 곳이 내가 와서는 안 되는
곳이라고 생각이 들면 다시는 교회 출석을 하자고 말씀을 드리지
않겠습니다. 한 번만 저하고 출석해서 예배를 드립시다. 내일 아
침 승용차로 모시겠습니다."

　이렇게 약속을 드리고 집으로 왔습니다.

　주일날 승용차로 정중히 모시고 가서 교회에 등록하고 예배에
참석을 했습니다.

　저는 시작부터 간절한 마음으로 기도를 드렸습니다.

예배를 마치고 질문을 했습니다.

그랬더니 첫마디에 하시는 말씀이 교회가 이런 곳인지 몰랐다는 것입니다.

이 말씀은 예배를 통해서 은혜를 받았다는 말씀입니다.

예배를 마치고 새신자실로 가는데 아는 분들이 오셔서 참 잘 왔다고 악수하고 격려하니 기분이 좋아서 싱글벙글했습니다.

목사님께서 선물을 드리고 사진 촬영을 하고 축복 기도를 했습니다.

일하는 곳은 울산이지만 토요일이 되면 집으로 와서 열심히 신앙생활을 하였고 시간이 흘러 세례를 받게 되었습니다.

전도가 성공하려면 적극적, 강권적으로 억지로 모시고 와야지 적당히 하면 구원시킬 수가 없다는 결론을 얻었습니다.

수많은 사람을 전도해 보면 모두가 예수 안 믿는다고 이런핑계 저런핑계를 대고 거절하지만 전도자의 끊임없는 설득과 노력과 인내심으로 전도가 된다는 사실을 잊어서는 안 됩니다.

한 영혼을 구원하는 데 1년 2년 10년 이상 걸리는 사람도 있습니다.

길과 산울타리로 나가서 사람을 강권하여 데려다가 내 집을 채워라(눅14;23)

고난에 처한 이들에게
내미는 따뜻한 손길

갑작스런 남편의 죽음

우리아파트 303호에 사시는 젊은 아주머니가 있었습니다.

그분을 전도하려고 수차례 복음을 전해도 전도되지 않았습니다.

시간이 많이 흘렀습니다. 그분의 남편이 회사에서 퇴출되어서 전 동료들과 술을 마시고 컨테이너 안에서 잠을 자다가 질식을 하여 세상을 떠나게 되었습니다.

아침에 일어났는데 이 소식을 듣게 된 나는 모든 일을 제치고 빈소를 찾아가서 문상을 하였습니다.

그리고 삼 일이 지나서 삼오날 저녁에 찾아가 진심으로 위로를 했습니다.

빈손으로 갈 수 없어서 전도축제를 하고 남은 커피포트를 선물로 가지고 가서 주었습니다. 그리고 며칠 지나서 다시 방문을 했습니다.

이 가정에는 3남매가 있는데 그중 중학교 2학년에 재학 중인 아들이 한 명 있었습니다.

"어머님, 아들을 우리 등대회 공부방에 보내 주시면 책도 사 주고 전액 무료로 공부를 시켜 드리겠습니다."라고 말씀을 드렸더니 아들과 상의를 해 본 다음 연락을 해 주겠다고 말씀하셨습니다.

나는 이 가정을 구원시키기 위해서 매일같이 열심히 기도하고 있었습니다.

이튿날 전화가 왔습니다.

아들이 봉사단체 등대회 공부방에서 공부를 하겠다고 결심했다는 것입니다.

진심으로 즐겁고 기쁜 마음으로 감사의 기도를 드렸습니다.

주말이 되어 찾아갔더니 나를 반갑게 맞아 주었습니다.

나는 용기를 내어서 "우리 교회에 이번 주에 같이 출석합시다."라고 말씀을 드렸습니다. 그랬더니 당장 출석하겠다고 하셔서 그 주간에 등록을 하였습니다.

그분은 이번 주일부터 열심히 출석하여 세례도 받게 되었습니다.

비록 남편은 계시지 않지만 열심히 살아가는 모습을 보고 너무나 마음이 편안하였습니다.

아들은 열심히 공부하여 경주고등학교 명문고에 입학하여 기숙사에서 공부를 하는데 성적도 상위권에 있어 장래가 촉망됩니다.

딸들도 대학에 진학하여 열심히 공부하고 있습니다.

주말마다 휴대폰으로 메시지를 보내 드리면 감사한 마음으로 답장을 보내 주셔서 얼마나 고마운지 모릅니다.

아들이 훌륭한 인물이 되기를 기도하며 후원자가 되어서 끝까지 돌봐야겠다는 마음이 생겨서 조금씩 후원하며 장학금도 받을 수 있도록 노력한 결과 장학금을 받았습니다.

우리 주위에는 남편을 잃고 실의에 빠진 가정들이 너무나 많습니다.

조금만 눈을 크게 뜨면 이런 가정을 수없이 발견할 수 있습니다.

성경은 과부나 고아나 나그네를 도우라고 했습니다.

우리의 조그마한 관심이 한 가정을 구원시킬 수 있습니다.

우리가 다른 가까운 마을들로 가자 거기서도 전도하리니 내가 이를 위하여 왔노라 하시고 이에 온 갈릴리에 다니시며 그들의 여러 회당에서 전도하시고 귀신들을 내쫓으시더라. (막1;38-39)

예수님에 대한 궁금증을 물어보고 교회 출석한 할아버지

미장원을 경영하는 권사님에게서 전화가 왔습니다.

오성아파트에 계시는 할아버지가 교회에 가고 싶어 하는데 시간이 나면 한번 찾아가서 전도를 하라고 하십니다.

토요일 날 전화를 드리니 시간이 있다고 말씀하셔서 오후에 찾아갔습니다.

할아버지는 저를 반갑게 맞이해 주시며 손수 커피를 타서 가지고 오셨습니다.

알고 보니 할머니가 중풍으로 상당히 고생을 하시고 계셨고 아직도 완치되지 않아서 모든 집안 살림을 할아버지가 다 하고 있었습니다.

커피를 마시기 전 "기도하겠습니다." 말씀을 드리고 간절하게 할머니의 병이 속히 치유되기를 기도했습니다.

할아버지는 교회에 대해서 가지고 있었던 궁금증을 저에게 질문했습니다.

하나님은 어떤 분인지, 예수님은 누군지 물었습니다.

제가 아는 대로 말씀을 드렸더니 아주 기분이 좋아 보이셨습니다.

이튿날 주일, 할아버지는 저와 같이 교회에 출석하여 등록한 다음 예배를 드리고 신앙생활을 시작하셨습니다. 얼마나 열심히 신앙생활을 하시는지 오토바이를 타고 오셔서 예배 전에 기도를 드리고 예배 순서를 잘 찾아가며 모범적인 신앙생활을 하고 있습니다.

그러던 중 할머니는 할아버지가 기도를 하고 지극 정성 돌보아 드린 덕택으로 중풍이 점점 회복되어 정상적인 단계에 이르렀습니다.

제가 보아도 깜작 놀랄 정도로 회복되었습니다.

할머니도 교회에 출석하여 열심히 믿음 생활을 하게 되었습니다.

교회에 출석한 이후에 더욱 병이 호전되어 정상인이 되어 생활을 하고 있습니다.

출석한 지 6개월이 넘고 일 년이 되었을 때 세례를 받아야 한다고 말씀을 드렸더니 하시는 말씀이, "아직 아는 것이 없고 더 열심히 신앙생활 한 다음 세례를 받겠다."고 하십니다.

언제 보아도 얼굴에 웃음을 띠고 있는 모습을 보면 전도하게 된 것이 얼마나 잘한 일인지 늘 보람을 느끼고 얼마나 즐겁고 기쁜지요.

죽을 수밖에 없는 우리를 죄에서 건져 주시고 하나님 자녀로 삼아 주신 하나님, 아버지로 부를 수 있는 특권을 주신 하나님 아버지께 감사와 영광과 찬양을 드립니다.

주일날 할아버지 부부를 만날 때마다 만면에 미소를 띠고 즐거워하는 모습은 어린아이와 같은 마음이 아니고서야 저런 표정을 지을 수 있을까 하는 생각이 들 정도입니다.

일 년이 지나고 2년이 되어서 할아버지께 "이제는 세례를 받아야 합니다." 말씀을 드렸더니 이번에는 꼭 세례를 받겠다고 약속을 하시고 세례 공부도 아주 열심히 임해 주셔서 세례받는 날 축하 꽃다발도 받고 기념 촬영도 하는데 활짝 웃으시는 모습이 천진난만한 어린아이를 보는 것 못지않았습니다.

세례를 받고 기분이 너무 좋은 것 같아서 예수 믿기를 잘했지요 했더니 정말 잘했다고 말씀하셨습니다.

이제부터 더 열심히 신앙생활을 하겠다는 다짐의 말씀을 하셨습니다.

칠순을 넘어 팔순이 다 되었는데도 아직도 건강한 모습으로 오토바이를 타고 다니다가 지금은 조그마한 승용차를 구매하여 신앙생활을 잘하고 있습니다.

우리가 하나님을 택하신 것이 아니라 하나님이 우리를 택해 주시고 불러 주셔서 천국 백성이 되고 하나님 자녀가 되었습니다.

모든 것이 하나님의 섭리이고 전적으로 하나님의 은혜인 줄로 믿습니다.

한 생명이 천하보다 귀하다고 하신 말씀이 떠오릅니다. 지금 연세가 많은 어르신들 중에서도 하나님을 모르고 예수를 믿지 않는 수많은 분들이 있다는 사실에 더 열심히 전도하여 한 영혼이라도 더 구원시켜야겠다는 결단, 결심이 마음에서 일어납니다.

야곱아 너를 창조하신 여호와께서 지금 말씀하시느니라. 이스라엘아 지으신 이가 말씀하시느니라. 너는 두려워하지 말라 내가 너를 구속하였고 내가 너를 지명하여 불렀나니 너는 내 것이라.(이사야 43;1)

박가네 짜장 부부

안강읍에 유명한 박가네 손짜장 음식점이 있습니다.

짜장면을 손으로 뺀다고 하여 손짜장으로 이름을 붙였습니다.

그 집 부인이 교통사고로 병원에 입원을 하였습니다.

부인이 우리 봉사단체 등대회 회원으로 가입하신 분인지라 병문안을 가기로 했습니다.

나 혼자 가는 것보다는 우리 교회 목사님을 모시고 가는 것이 더 좋을 것 같았습니다.

빈손으로 갈 수 없어서 고민을 하다가 예쁘게 화분을 포장해서 '빠른 쾌유를 빕니다'라고 글을 써서 목사님을 모시고 병문안을 갔습니다. 화분을 드리기 전에 "빠른 쾌유를 빕니다." 하고 글을 읽어 주고 목사님이 간절한 기도를 하셨습니다.

나도 빨리 병이 나아서 퇴원하기를 기도하고 있다고 말씀을 드렸더니 너무나 좋아하는 모습에 감동을 받았습니다.

이분은 선천적으로 마음씨도 곱고 선한 삶을 살았기에 얼굴에도 그 모습이 나타납니다.

얼마 후 어느 정도 병이 나아서 퇴원을 하셨습니다. 남편 되시는 분에게 병원에 있을 때 "등대회 회장 권경식 장로님과 목사님이 병문안 오셔서 기도해 주고 화분을 선물로 주시며 격려를 해 주셨다."는 말씀을 전해 주어서 남편분이 저를 찾아와서 고맙고 감사하다고 하셨습니다. 그분은 우리 등대회 이사로 가입하시고 경로잔치를 할 때 짜장면 수백 그릇을 노인들을 위해 베풀었습니다.

그 이후 박가네 짜장면 가족들과 아주 가까운 사이가 되어 친하게 지내게 되었습니다.

나는 이 가정을 전도하기 위해서 열심히 기도하면서 자주 방문을 하고 우리 교회에 출석하여 예수를 믿으라고 권면하였습니다.

전도를 시작한 지 얼마 되지 않아 부인이 우리 교회에 등록하고 출석하기 시작했습니다.

그렇게 신앙생활 시작한 지 3주가 되었는데 저에게 찾아와서 청천벽력 같은 말을 했습니다.

병원에서 진단을 했는데 자궁암이라고 판정되었다는 것입니다.

아직 다른 곳에 전이가 되지 않았으나 전이가 되면 어쩌나 더욱 걱정을 하고 있었습니다.

암으로 판정되었기에 더 이상 미룰 수 없는 상황이라 서울에 있는 병원에 입원하여 수술을 받기로 결정을 했습니다.

수술을 받는 날 목사님, 구역장, 우리 부부가 봉고차를 타고 병원에 도착하여 수술 전에 기도를 했습니다.

수술은 하나님 은혜로 잘 마무리되었습니다.

항암치료가 시작되면서 머리카락도 빠지고 여러 가지 치료 과정에 힘든 일이 있었지만 하나님의 은혜로 치료가 잘 되었습니다.

남편도 감사한 마음으로 교회에 등록하였으며 따님과 사위 될 사람도 등록하여 안강제일교회에서 목사님 주례로 결혼식을 올리는 축복을 받았습니다.

하나님께서 축복해 주셔서 전세로 있던 건물을 구매하는 축복도 받았습니다.

현재는 박가네 짜장 하면 안강읍내에 모르는 사람이 없을 정도로 소문이 나서 매일 장사가 잘되고 있습니다. 주인 내외도 늘 감사하는 마음으로 어려운 사람을 돕는 일에 앞장서고 있습니다.

안강읍에서 장애인이 모이는 회관에 한 달에 한 번씩 회의가 있을 때마다 점심을 짜장면으로 대접한다는 말을 들으면 흐뭇한 기분이 들곤 합니다.

등대회 봉사단체에서도 짜장면으로 봉사하고 어버이날에는 노인들을 초청하여 경로잔치를 베풀어 많은 어르신들로부터 칭찬을 받고 감사패와 상장도 받게 되었습니다.

박가네 짜장면은 맛이 다른 식당보다 좋은 것도 있지만 많은 사람들에게 많이 베풀었기 때문에 더욱 장사가 잘되는 줄로 믿습니다.

앞으로 더 많이 봉사하겠다고 말하고 있어서 늘 감사한 마음으로 박가네 짜장이 잘되기를 기도합니다.

조그마한 배려가 한 가정을 구원시키고 축복하는 역사가 일어났습니다.

우리 주위에는 우리가 격려하고 위로하고 배려하고 찾아갈 곳이 엄청나게 많이 있습니다. 그저 우리가 지금까지 관심을 가지지 못해서 복음이 널리 전파되지 않은 것입니다.

오늘부터라도 우리 주위의 더 많은 곳을 찾아가셔서 격려하고 위로하고 배려한다면 수많은 영혼을 구원하리라 확신합니다.

우리가 선을 행하되 낙심하지 말지니 포기하지 아니하면
때가 이르면 거두니라.(갈6;9)

짜장봉사

부하를 내 자식같이 사랑하겠다

우리 예비군 읍대에 신병 훈련을 마치고 전입을 온 사병에 대한 이야기입니다.

그는 군 입대 전부터 몸이 아프고 병치레도 하여 체질이 허약했습니다.

다른 사병들에 비해 건강상태가 좋지 않아 즉시 가정방문을 갔습니다.

가정방문을 가 보니 양친 부모님은 계시고 그는 4남매 중 막내 아들이었습니다.

가정형편도 어렵고 부모님도 연세가 조금 있는 편이었습니다.

제가 방문해서 인사를 드리니 반갑게 맞이하면서 첫마디에 "우리 아들 몸이 약하니 좀 잘 돌봐 달라."고 하셨습니다.

나는 부모님에게 이렇게 말했습니다.

"걱정하지 마십시오. 제 아들과 같이 대우할 테니 조금도 걱정하지 마시고 애로사항이 있으면 언제든지 말씀하세요. 그리고 저보다 연세가 많으시니 아버지를 형님으로 모시겠습니다."

그랬더니 너무나 좋아하는 것이 아닙니까.

이후 그 사병이 근무하는 도중 건강이 좋지 않아 군병원에 후송을 보내서 몇 주 머무르게 하기도 했습니다.

사병의 집에 자주 찾아가다 보니 아버지와 형 동생 하면서 친하게 지내게 되었습니다.

"형님도 저하고 같이 안강제일교회 출석합시다." 했더니, "그래 동생이 다니는 교회에 출석하고 싶다."고 말해서 교회에 등록을 하였습니다.

아들도 열심히 신앙생활을 하고 아버지도 교회에 출석하게 되니 이보다 좋은 일이 있습니까.

나중에 열심히 출석하여 세례도 받게 되었습니다.

세례를 받을 당시 몸이 좋지 않았는데 그럼에도 열심히 문답공부를 하였으나 안타깝게도 결국 병원에 입원을 하였습니다.

병원에 병문을 가서 보니 보통 아픈 것이 아니고 심각할 정도로 심한 병에 시달리고 있었습니다.

형님의 손을 잡고 간절히 기도를 했습니다.

용기를 내고 힘을 내시라 하고 반드시 하나님께서 치료해 주실 테니 걱정하지 말라고 위로를 하고 격려를 했습니다.

다행히 병원에 입원한 지 1개월 정도 후 병이 나아서 무사히 집으로 돌아왔습니다.

그 이후로 예수를 믿지 않았던 형수님도 교회에 출석을 하게 되었습니다.

두 분이 열심히 신앙생활을 하는 모습을 보니 너무나 기뻤습니다.

하나님께서 병을 치료해 주셨다는 확신을 가지게 되었습니다.

이제 아들도 전역하여 회사에 취직해 열심히 근무하고 있습니다.

군 시절 자신을 도와주었다고 하면서 늘 고맙게 생각하고 있었다며 제가 퇴임한 후 사회 봉사단체를 창설한 뒤 매월 후원금을 보내주어서 감사한 마음으로 받고 있습니다.

세월이 어느덧 흘러서 형님은 몸이 편찮아 병원에 입원한 지 2개월 정도 되어 하나님의 부르심을 받아 세상을 떠났습니다.

장례식 날 목사님과 하루 종일 발인예배부터 하관예배까지 치르며 하루를 보내면서도 내내 천국에서 다시 만날 수 있을 것이라는 생각에 기뻤습니다.

진실한 마음으로 내 아들과 같이 돌보아 주겠다는 말이 마음을 움직여 안강제일교회에서 신앙생활을 하게 한 줄로 믿습니다.

진실한 마음으로 내 이웃들에게 사랑을 실천하고 이웃을 내 몸과 같이 사랑하라는 주님의 말씀대로 산다면 어떠한 사람이라도 마음을 녹일 수 있다는 확신이 왔습니다.

이제 우리는 주님의 지상명령인 땅끝까지 복음 전파를 위해 온 삶을 다해 전도해야 합니다.

예수 그리스도 향기를 우리 주위에 보내야 합니다.

사랑 사랑 사랑이 최고의 전도 방법입니다.

남을 성공시키는 자가 되십시오. 그때 당신도 성공하게 될 것입니다.

인자가 온 것은 섬김을 받으려 함이 아니라 도리어 섬기려 하고
자기 목숨을 많은 사람의 대속물로 주려 함이니라.(막10;45)

목욕탕의 중풍환자

목욕탕에 들어가서 탈의를 하는데 40대로 보이는 젊은 사람이 보였습니다. 그는 한쪽 팔은 못 움직이고 다리를 절름거렸습니다.

보는 순간 불쌍한 마음이 들면서 전도해야겠다는 생각이 머리를 스쳐 지나갔습니다.

얼른 젊은 사람에게 달려가서 목욕을 했습니까 물었더니 목욕을 했다고 합니다.

조금만 기다려 달라고 말씀을 드리고 미친 사람같이 목욕탕에 들어가 샤워만 하고 급히 나왔습니다.

식사대접을 하고 싶은데 가까운 식당에 가자고 했더니 쾌히 승낙을 하셔서 가까운 식당으로 갔습니다.

청년과 함께 간 식당은 중화요리를 하는 식당이었습니다.

식사 메뉴를 물어보니 짬뽕을 좋아한다고 하여 짬뽕 두 그릇을 주문했습니다.

식사 전 간절히 감사의 기도를 했습니다.

식사를 하면서 저를 소개했습니다.

안강제일교회 출석하는 권경식 집사라고 소개하고 현재 안강읍 예비군 읍대장이라고 말했습니다.

나하고 같이 안강제일교회 출석하자고 하니 교회는 한 번도 출석하지 않았는데 출석해도 되냐고 되물어 왔습니다.

한 번도 출석하지 않은 사람이 출석하는 곳이 교회라고 말했습니다.

교회에 출석하게 되면 마음이 즐겁고 기쁘고 또 하나님 앞에 기도할 수 있어서 정말 행복해진다고 하며 예수 믿으면 천국을 갈 수 있으니 이 얼마나 기쁘고 즐거운 일이냐 말했더니 좋아하는 기색을 보였습니다.

내가 열심히 도와드리겠다고 말하고 이번 주부터 출석하라고 했더니 그러고 싶다고 말했습니다.

눈치를 보니 아무도 자기를 가까이 대해 주거나 사랑으로 맞이해 주는 사람이 없는데 내가 정성을 쏟으니 흐뭇한 마음으로 나를 믿는 눈치였습니다.

내친김에 집안 사정을 자세히 물어보았습니다.

아내와 딸 2명이 같이 살고 있었는데 자신이 중풍이 들어 쓰려진 다음 부인은 집을 나가 버리고 딸 2명과 살다가 딸들은 대구로 공부를 가고 혼자서 살고 있다고 합니다.

식사나 집안 살림은 불구의 몸으로 혼자서 해결한다고 했습니다.

약속대로 주일날 집을 방문하여 승용차로 모시고 교회에 가 등록을 하였습니다. 교인들의 뜨거운 박수와 열렬한 환영으로 마지하니 기분이 좋아보였습니다.

예배를 마치고 목사님을 만나서 사진도 촬영하고 어려운 일이 있으면 교회에서 도와주겠다는 목사님 말씀도 듣고 열심히 신앙생활을 하라는 격려와 기도도 받았습니다.

교회에 출석하면서 더욱 의지가 강해지고 건강도 전보다 훨씬 좋아져서 걸음걸이도 전보다 나아지고 낮은 산 정도는 등산까지 할 수 있게 되었습니다.

그 후 열심히 주일성수를 잘하여 세례도 받았습니다.

교회에서 쌀을 후원해 주었고 청년들이 방문하여 집안청소도 해 주고 우리봉사단체 등대회에서도 반찬 급식을 전달하였으며 집 전체를 수리해 주었습니다.

그런데 한 가지, 신앙생활을 하면서도 그가 잘 다스리지 못하는 부분이 있었습니다.

다름이 아니고 집을 나간 부인과 처갓집 식구들을 원망하는 것입니다.

그 마음을 이해하지 못하는 것은 아니었습니다.

나는 "자기가 이렇게 어려운 형편에 있는데 돌보아 주지 않고 있으니 원망스럽지 않을 수 없다. 하지만 예수님은 원수를 사랑하라고 말했다. 자네도 이제 부인을 위해서 처갓집 식구들을 위해서 기도하라."고 했습니다.

처음에는 이 말을 받아들이지 않으려고 했는데 신앙생활을 하면서 점점 마음이 너그러워지기 시작하더니 주중에 장애인 협회에도 나가서 예배를 드리면서 안정을 찾아가는 것으로 보였습니다.

이제는 건강도 많이 좋아지고 신앙생활을 열심히 하면서 매일 즐거운 나날을 보내고 있습니다.

그러던 어느 날 저를 찾아와서 한숨을 쉬면서 자신의 신세를 한탄하였습니다.

무슨 일이 있냐고 물었더니 자기가 먹지도 않고 입지도 않고 근검절약해서 모은 돈 일천만 원을 몽땅 잃어버렸다는 것입니다.

어째서 그런 일이 일어났는가에 대해서 자세히 말해 보라고 했더니 사실대로 이야기하는데 너무나 어이가 없어서 말문이 막혔습니다.

이불가게를 하는 아주머니가 어떻게 알았는지 자신에게 있는 돈 일천만 원을 빌려주면 3개월만 사용하고 돌려준다는 것입니다.

처음에는 돈이 없다고 했으나 만날 때마다 친절하고 너무나 호의적인 데다가 맛있는 식사도 대접해 주고 해서 돈을 빌려주기로 했다는 것입니다.

돈을 빌려주니 즉석에서 3개월 선이자 90만 원을 돌려주더라는 것입니다.

그러나 결국 3개월이 지나서 돈을 받으러 갔더니 부도가 나서 돈을 받을 수가 없게 되고 말았습니다.

돈을 빌려 간 사람은 도망을 가 버렸습니다.

이 말을 듣고 행여나 돈을 받을 수 있는 길이 있는가 노력을 했지만 모든 것이 허사였습니다.

너무나 많은 금액이 부도가 나서 엄두가 나지 않았습니다.

할 수 없이 포기할 수밖에 없게 되었습니다.

하루아침에 돈 일천만 원을 날려 버렸으니 실의에 빠져서 아무 것도 생각이 없고 마음이 아파서 매일 매일 슬픔에 잠겨 있었습니다.

저도 어쩔 수가 없어서 위로와 기도를 해 주는 것이 전부였습니다.

성경에는 받는 자보다 주는 자가 복되다고 했으니 잊어버리라고 말했습니다.

세상에는 믿을 수 있는 사람이 없으나 우리 하나님은 신실하시고 한 번도 우리를 실망시킨 일이 없음을 절실히 느끼고 이제 하나님만 의지하고 신뢰해야 한다는 말씀을 깨닫게 되었습니다.

시간이 조금 지나서 그는 신앙으로 아픔을 이겨 내었습니다.

지금은 집사 직분까지 받아 열심히 신앙생활을 하고 있습니다.

내가 너희에게 이르노니 이와 같이 죄인 한 사람이 회개하면
하늘에서는 회개할 것 없는 의인 아흔아홉으로 말미암아
기뻐하는 것보다 나으리라.(눅15;7)

발을 저는 학생

목욕탕에서 목욕을 하는데 중학생으로 보이는 학생과 그의 손을 잡고 들어오는 사람이 있었습니다.

학생은 걸음을 걷지 못하는 절름발이라 누군가의 부축을 받아야 다닐 수가 있었습니다.

언뜻 보기에도 부자 사이같이 보이는 두 사람이 탕 속에 들어가 있는데 제가 먼저 말을 걸었습니다.

"학생 이름이 뭐지" 했더니 권○○이라고 대답합니다.

순간 이 학생을 교회에 전도하고 싶은 충동이 올라왔습니다.

학생 아버지를 보고 "이 학생 교회에 보내 주시면 제가 열심히 데리고 다니겠습니다." 하고 말씀을 드렸습니다.

학생 아버지가 학생에게 "너 교회 출석할래." 하고 물었더니

첫마디에 가고 싶다고 말했습니다.

목욕탕 안에서 즉석으로 확답을 받았습니다.

그 주에 집을 방문하여 차에 태워서 교회 고등부에 등록을 시켰습니다.

6개월 동안 매일 교회에 데려가고 오고는 했습니다.

그 이후 바쁜 일이 많이 생겨서 고등부 교사님 한 분에게 부탁을 드렸습니다. 그분은 주일마다 아이를 데리고 오는 사명을 잘 감당했습니다.

교회에서 특별히 배려하여 장학금까지 전달하고 선생님들이 특별히 많은 시간을 내어 배려와 사랑을 아끼지 않았습니다.

시간이 나는 대로 먹을 것과 좋은 책을 선물을 하고 기도해 주고 장래 진로에 대해서도 상담하면서 꿈을 심어 주었습니다.

부모님을 전도하기 위해서 명절이나 크리스마스 또 여름철이면 맛있는 과일을 가지고 가기도 하고 선물도 했습니다.

그의 어머님은 갈 때마다 너무 고맙다고 늘 인사를 했습니다.

그렇게 일 년의 세월이 흘렀습니다.

어머님이 저에게 이런 말씀을 했습니다.

처음에는 아들 때문에 수치심이 많았고 또 다른 사람 앞에 가면 늘 부끄럽게 생각했지만 이제 점점 시간이 갈수록 이 아이를 잘 키워야겠다는 생각이 든다면서 스스로가 더욱 당당한 모습으로 바뀌고 있다는 것입니다.

매일 아침 학교에 데려다주고 데려오는 것이 사실은 얼마나 힘이 드는 일입니까.

그것도 가까운 학교도 아니고 20키로 떨어진 곳에서 비가 오나 눈이 오나 매일 반복되는 일을 한다는 것은 보통사람으로는 할 수 있는 일이 아닙니다.

자식에 대한 부모의 사랑이 없으면 불가능한 것입니다.

초등학교 6년 중고등학교 6년을 하루같이 매일 그리한다는 것은 부모님이 아니면 결코 쉬운 일이 아닌 것입니다.

저는 어머님에게서 한 번도 화내고 짜증 부리는 모습을 볼 수가 없었습니다.

자신에게 주어진 숙명이라 여기고 매일매일 최선을 다하고 있었습니다.

이 가정을 구원해 달라고 간절히 하나님께 매어 달렸습니다.

학생 부장 선생님도 이 가정에 각별한 관심을 가지고 기도했습니다.

그 결과 학생의 어머님의 마음문이 열렸습니다.

하루는 방문을 했더니 지금까지 불교를 믿었는데 나도 이제 교회에 출석해야겠다고 하셔서 얼마나 즐겁고 기뻤는지 모릅니다.

그 자리에서 감사의 기도를 드렸습니다.

마침내 안강제일교회에 등록을 했습니다.

학생은 대학교에 합격하여 장학금을 전달받고 입학하여 기숙사에서 학교에 다니게 되었습니다. 그곳에서도 신앙생활을 잘하라고 당부를 했습니다.

자녀들을 먼저 전도하여 정성껏 돌보아 주고 장학금을 전달하고 최선을 다했더니 부모님의 마음 문이 열렸습니다.

한 사람의 영혼을 구원하는 일은 결코 쉬운 일은 아닙니다.

그러나 끈기와 인내를 가지고 계속 시도한다면 결국은 예수 믿고 구원시킬 줄로 믿습니다.

우리 주위에는 장애를 가진 많은 부모님이 있습니다.

그들을 사랑으로 내 자식같이 한다면 많은 사람들을 구원시킬 것입니다.

시내의 거리와 골목으로 나가서 가난한 자들과 몸 불편한 자들과
맹인들과 저는 자들을 데려오라 하니라.(눅 14;21)

한 고아 청년의 가슴 아픈 이야기

부모님이 어릴 적부터 계시지 않아 할머니와 고모님 밑에서 자란 한 청년이 있습니다.

부모님 없이 자랐기 때문에 많은 구박과 설움을 겪었습니다.

학생을 볼 때마다 애처롭고 무엇이든 도와주고 싶은 생각이 들었습니다.

어느덧 세월이 흘러 군 입대를 하여서 의젓한 청년이 된 그는 군복무를 마치고 전역하여 사회에 첫발을 디디게 되었습니다.

중소 기업회사에 취직하여 열심히 일을 하여 조금씩 저축하여

돈을 모았습니다.

그런데 어느 날 여자에 눈을 뜨게 되어 여자를 사귀었는데, 이 여자가 나쁜 마음을 먹고 청년이 가지고 있는 돈을 몽땅 가지고 도망을 가 버렸습니다.

청년은 하루아침에 자기가 가지고 있는 돈을 몽땅 잃어버리고 그 후부터 술을 마시고 인생을 비관하며 흥청망청 살아갔습니다.

일정하게 하는 일도 없고 고향을 떠나 부산으로 갔다는 말만 들었지 어디에 사는지 연락조차 되지 않았습니다. 예비군 훈련을 받아야 하는데 연락할 길이 없어 옛날에 살던 고모님을 찾아가서 물어보아도 소식이 없다는 것입니다. 급기야 예비군 훈련에 불참하여 고발까지 당하는 일이 일어나고 그 이후 주민등록말소까지 받게 되었습니다.

세월이 흘러 정년퇴임을 하고 길을 걸어가는데 젊은 청년이 옆을 지나가는 것이 아닙니까. 자세히 보니 우리집 울타리 안에 살던 그 청년인데 얼마나 몸과 얼굴에 살이 빠져서 홀쭉한지 사람을 알아볼 수 없을 정도가 되었습니다.

그 청년의 이름을 부르며 자네 누구 아니냐고 했더니 저를 알아보고 눈물을 흘립니다.

너무나 불쌍하고 아찔한 생각이 들었습니다.

"그래 이게 얼마만인가. 그동안 어디 있었기에 소식도 없고 이렇게 몸이 말라 있느냐."고 물었더니 하는 말, 객지에서 여기 저기 다니다가 당뇨병이 와서 살이 몽땅 빠져 버렸다는 것입니다.

지금 어디서 어떻게 살고 있냐고 물었더니 몸이 아파서 일도

할 수 없고 돈이 없어서 병원에 갈 형편도 안 된다고 합니다.

할 수 없이 정부에서 받는 생활 안전기금이라도 받아야 하는데 첨부해야 하는 진단서를 발급받으려고 해도 아는 사람도 없고 돈도 없다고 합니다.

그 말을 듣는 즉시 진단서와 서류는 지금 도와주겠다고 말하고 그를 데리고 잘 아는 병원으로 가서 원장님을 만나 자초지종을 말씀드렸습니다. 원장님께서는 무료로 진단서를 발급해 주셨습니다.

아무도 도와주는 사람이 없어서 읍사무소에 서류를 제출하지 못했던 것을 당장 해결할 수 있었습니다. 그렇게 그는 읍사무소에 가 서류를 접수하고 국가에서 주는 생활 보조금을 받게 되었습니다.

청년에게 이번 주부터 교회에 출석하라고 했더니 당장이라도 하겠다고 했습니다.

그 주일날 청년을 교회에 등록하였고 교회에서도 청년에게 관심을 가지게 되었습니다.

저도 시간이 나면 틈틈이 청년이 살고 있는 집을 방문하여 도와주었습니다.

이제 병원에서 주는 약도 먹고 식사도 고모님께서 신경을 써서 준비해 주니 건강이 많이 회복되어 힘들고 어려운 일은 할 수 없으나 가벼운 일 정도는 할 수 있게 되었습니다. 그렇게 신앙생활도 열심히 하면서 매일 매일 잘 지내는 것을 볼 수 있었습니다.

그런데 어느 날 갑자기 대구에 일할 것이 있다고 떠났는데 몇 주간 나타나지 않았습니다.

연락을 하여도 연락이 잘 되지 않았는데 어느 날 밤 한밤중에 전화가 왔습니다.

청년의 고모님 전화였습니다.

불길한 예감이 들었습니다.

이 한밤중에 무슨 일이 있기에 하고 전화를 받는데 하시는 말씀이 청년이 대구에서 쓰려져서 경주 동국대 병원 중환자실에 있다는 것입니다.

중환자실은 면회시간이 정해져 있기 때문에 아침에 가야 면회를 할 수 있습니다.

이튿날 병원 면회 시간에 만나기로 약속을 하고 병원에 도착하여 중환자실로 들어가 보니 이미 숨을 거두어 버린 뒤였습니다.

얼마나 인생이 허무한지! 한 번도 이 세상에서 꽃을 피워 보지 못하고 꽃다운 나이에 숨을 거둔 것입니다.

너무나 불쌍한 마음이 들었습니다.

한 번도 이 땅에서 사랑을 받아 보지도 못하고 살다가 가 버린 청년이 너무나 안타까웠습니다.

조금 더 일찍이 만났더라면 조금이라도 더 도와줄 수 있었을 텐데 하는 아쉬움이 더욱 마음을 아프게 했습니다.

애도하는 시간도 잠시, 죽음이 현실이 되었으니 당장 장례식을 치러야 했습니다.

아는 사람이라고는 고모님 한 분밖에 없어서 상의를 한 다음 장례식은 교회에서 도와주고 장례비용은 읍사무소에서 생활보호 대상자 사람들을 위해서 지불하는 비용으로 메꾸게 되었습니다.

장례식 날 우리 교회 전도사님이 하루 종일 장례식에 참석하셔서 발인예배부터 하관예배까지 주관하셨습니다.

우리가 사는 이 땅 위에 수많은 사람들이 병으로 고생하고 헐벗고 굶주리고 있습니다. 그런 사람들이 너무나 많습니다.

질병으로 고통받는 사람들을 위해서 교회와 예수를 믿는 사람들이 더 많이 사랑을 펼치기를 기도합니다.

인자가 온 것은 잃어버린 자를 찾아 구원하려 함이니라.(눅 19;10)

실직된 장교 대위

우리 예비군 중대에 육군 대위로 전역한 대원이 있었습니다.

그는 전역 후 예비군 직장 중대장 근무를 하다가 실직하게 되었습니다.

직장을 잃고 매일매일 할 일 없이 하루하루를 지내고 있었습니다.

이분은 키도 크고 인물도 남달리 잘생겨서 어디에 하나 손색이 없는 분인데 갑자기 직장을 실직하게 되어 갈 곳이 없게 된 것입니다.

하루는 전화를 걸어 예비군 읍대에 놀러 오라고 말했더니 즉시 방문을 하여 만나게 되었습니다.

먼저 안부를 물었습니다. 요즘 어떻게 지냅니까 했더니 그냥 저냥 지낸다고 했습니다.

오늘 모처럼 만났으니 칼국수를 맛있게 하는 곳에 가서 식사나 하면서 이야기를 나누자고 했습니다.

점심시간이 되어 칼국수 집에서 식사를 하면서 이런 저런 이야기를 했습니다.

대화를 해 보니 보기보다는 마음이 상당히 여리고 착한 사람이었습니다.

성격은 상당히 내성적이어서 말을 많이 하는 편은 아니었습니다.

직장을 잃고 집에서 할 일 없이 지내는 심정이 얼마나 아플까 하는 생각이 대화를 하는 동안 내내 맴돌았습니다.

나는 그에게 희망과 용기를 주어야겠다고 생각했습니다.

지금 잠시 직장이 없지만 반드시 좋은 직장에 다시 나갈 수 있으니 걱정하지 말라고 했습니다.

희망이 반드시 있음에도 불구하고 희망이 없다고 생각하는 사람이 많이 있습니다.

인생이 전부 자신이 마음먹은 대로 되는 사람은 없습니다.

모두가 출세하려고, 잘살려고 노력하지만 잘되는 사람도 있고 잘 안 되는 사람도 있습니다.

그런 우리를 인도하시고 섭리하시는 분이 계십니다.

그분이 누구십니까.

그분은 우리를 이 땅에 보내시고 천지만물을 창조하신 하나님이십니다.

나도 내 마음대로 살다가 재산 탕진하고 병들어 죽을 뻔했는데 예수 믿고 새사람이 되어 술 담배 노름 세상의 나쁜 일은 다 끊고 제2의 인생을 살고 있습니다.

나는 그렇게 말하면서 그에게, "이제 나와 같이 안강제일교회 출석하여 예수 믿으면 하나님께서 반드시 좋은 직장을 허락하여 주실 줄 믿습니다." 하고 예수 믿으면 모든 것이 해결된다는 것을 담대하게 전했습니다.

그는 아무 말도 하지 않고 말만 열심히 듣고 있었습니다.

그러더니 좀 생각을 해 보겠다고 했습니다.

그날로부터 만날 때마다 설득을 했습니다.

장교출신이라 우리 예비군 읍대 부중대장으로 임명하여 훈련 때마다 자주 만나게 되었습니다.

어느 정도 친한 사이가 되고 난 후부터 내가 진심으로 자기를 위해서 말한다는 사실을 알게 되었습니다.

어느 날 만났는데 머뭇거리지 말고 우리 교회 출석하여 예수 믿자고 했더니 빙그레 웃으며 수줍어하면서 알겠다고 대답을 했습니다.

돌아오는 주일날 교회에 등록하고 예수를 믿기 시작했습니다.

나에게 기도 제목이 생겼습니다.

"하나님 부중대장에게 좋은 직장을 주십시오." 기도하기를 시작했습니다.

그는 주일 성수를 잘하고 신앙생활을 열심히 하여 세례를 받았습니다.

우리가 열심히 기도한 덕택으로 그 후 영덕 지역에 좋은 직장이 생겨 그곳으로 이사를 가게 되었습니다.

지금도 그분의 얼굴이 가끔씩 떠오릅니다.

항상 수줍어하면서 해맑은 미소를 띠우는 그분은 예수를 영접하여 인생의 새로운 길이 열렸습니다.

가끔 저에게 연락이 와서 직장에 잘 다니고 있고 신앙생활도 열심히 하고 있다고 말합니다.

우리 주위에 직장을 잃고 어려움에 처해 있는 사람, 또 경제적으로나 가정적으로 힘들고 자녀들 문제나 남편의 문제로 수많은 고난을 겪는 가정이 의외로 많이 있습니다.

이런 분들을 찾아가서 희망과 용기를 주는 크리스천들이 되어야 합니다.

예수 믿는 나 때문에 다른 사람들이 행복하고 성공하고 잘되어야 합니다.

인자가 온 것은 섬김을 받으려 함이 아니라 섬기려 하고 자기 목숨을
많은 사람의 대속물로 주려 함이니라.(막10;45)

교통사고를 낸 친구의 아들

우리 예비군 중대 사무실 앞에 화장품 대리점을 하는 친구가 있었습니다. 그는 육군하사로 전역을 하여 나와 가까운 사이로 지냈습니다. 세월이 많이 흘러서 아들이 군에 입대하여 우리 예비군 중대에 전입을 와서 군생활을 마치고 전역을 했습니다. 아들은 전역 후에 대구에 있는 회사에 입사하여 근무하게 되었고 아버지는 안강읍에서 식당을 경영하게 되었습니다.

어느 날 소식을 들었는데 아들이 대구에서 운전을 하다가 횡단보도에서 교통사고를 내었다는 게 아닙니까? 그 이야기를 듣고 목욕탕에 갔는데 우연찮게 그곳에서 친구를 만나게 되었습니다.

"친구 오랜만이네. 그런데 소문에 아들이 대구에 있는 화원 교도소에 있다는데 그것이 사실인가?"라고 물었더니 그렇다고 합니다.

그런데 나한테 왜 그 말을 하지 않았냐고 했더니 좋지 않은 일을 많은 사람들에게 알릴 필요가 없다고 생각해서 가만히 있었다고 말합니다.

"친구야, 아들은 나하고 같이 근무한 군대 전우인데 나한테는 알려 줘야지." 했더니 그렇게 생각해 줘서 고맙다고 합니다.

어찌되었든지 면회나 한번 가서 용기를 주자고 했습니다.

그다음 날 즉시 승용차로 친구와 같이 면회를 가서 힘과 용기를 주고 면회실에서 간절히 기도를 했습니다. 날마다 하루속히 재판이 잘되어 석방되기를 기도했습니다.

생각보다 재판 날짜는 빨리 다가왔습니다.

재판하는 날 업무상 바쁜 일이 있어서 재판장에 가서 방청석에

앉지는 못했으나 그날 운전기사와 함께 승용차를 붙여서 보내 주었습니다.

다행히도 재판이 잘되어서 석방을 하게 되었다고 합니다.

친구는 저를 찾아와서 고맙다고 인사를 하고 식사를 같이하였습니다.

친구가 이렇게 베풀어 준 보답으로 무엇을 해야 하냐고 말하기에 우리 교회 출석하여 예수 잘 믿는 것이 보답하는 길이라고 말했습니다.

그다음 주부터 친구를 모시고 우리 교회에 출석하여 신앙생활을 하게 되었습니다.

우리 주위에는 불의의 사건으로 인하여 교도소에 있는 분들이 의외로 많이 있습니다.

요즈음은 집집마다 승용차를 가지고 있기 때문에 과실치사로 교도소에 있는 분이 많은 걸로 압니다.

꼭 교통사고가 아니더라도 교도소에 있는 분도 많습니다.

그들을 찾아가서 면회하고 편지를 보내면 마음문이 열려서 예수를 영접할 수 있게 됩니다.

죄를 지어 교도소에서 실의에 빠져 있는 분들을 찾아가서 용기와 희망을 준다면 수많은 사람들을 구원시킬 수 있습니다.

전도를 하기 위해서는 유익을 주고 도움을 주어야 합니다.

이 방법이 전도를 하는 데 가장 좋은 방법입니다.

그런데 우리는 예수를 믿으면서 우리 주위에 있는 사람들에게 너무나 무관심합니다.

나는 이 시간 참된 그리스도인인가 하는 문제를 놓고 내 자신을 뒤돌아보았습니다.

그리스도인답게 살지 못한 일들이 너무 많아 반성과 회개를 하였습니다.

참된 그리스도인은 세상에서 빛과 소금의 역할을 잘 감당해야 합니다.

빛과 소금의 역할을 잘 감당하려면 믿지 않는 사람들과 웃고 울어야 될 줄로 믿습니다.

그런데 믿는 사람들은 믿지 않는 사람들에게는 관심이 없고 매일 믿는 사람들과 끼리끼리 놀고 다니다 보니 전도하기가 어렵습니다.

수십 년간 신앙생활을 하면서 전도 한 사람 하지 않고 교회 다녀도 아무런 양심의 가책 없이 출석만 하고 있는 실정입니다.

자동차와 주유소로 비유하자면 주유소에서 기름을 넣은 자동차는 목적지를 향해서 달려가야 하는데 목적지를 향해서 가지 않고 주유소에 정차되어 있다면 무용지물인 것과 같습니다.

이와 마찬가지로 교회에서 말씀을 듣고 힘과 용기를 얻었다면 세상 한복판에 가서 영향력을 발휘하는 그리스도인이 되어야 참된 그리스도인입니다.

구원의 확신이 없고 예수그리스도가 내 마음속에 확고히 없다면 교회 출석은 하지만 진정한 예수그리스도인이 아닙니다.

예수님의 12명의 제자들이 전 세계에 복음을 전했습니다.

예수님은 이 땅에 복음을 전하고 전도하려 오셨습니다.

이제 예수님의 지상명령인 복음을 전하는 일에 우리 모두가 최선을 다해야 합니다.

이르시되 우리가 다른 가까운 마을들로 가자
거기서도 전도하리니 내가 이를 위하여 왔노라 하시고
이에 온 갈릴리에 다니시며 그들의 여러 회당에서 전도하시고
또 귀신들린 자들을 내쫓으시더라. (막1;38-39)

오토바이 사고를 낸 사병

우리 대대 사병이 퇴근 후 술을 먹고 오토바이를 타다가 불의
의 사고를 내었습니다.

현역 사병이 퇴근 후 사고를 내었으니 경찰에서 조사 후 군 헌
병대에 사건이 이첩되었습니다.

사고를 낸 이튿날 현장 검증을 한다는 연락이 왔습니다. 사고
를 낸 사병이 구속이 된다는 것은 자명한 사실입니다. 사고도 작
은 사고가 아니고 아가씨를 치어서 넘어지게 하는 바람에 이빨까
지 부러지게 된 큰 사고입니다.

사병과 어머님은 어떤 일이 있어도 사고를 잘 처리해서 구속되
지 않게 해 달라고 애원을 했습니다.

사고를 무마하려면 헌병대 사고 보고서도 경미한 것으로 진행
하고 피해자 보상을 잘해 줘서 말썽이 없어야 하며 합의서도 제

출해야 합니다. 아주 가볍게 징계를 받는 것도 사단 헌병대에 2주 정도는 구속이 되어야 합니다. 사실대로 형을 받으면 군법에 회부되어야 합니다.

그러니 당사자 식구들에겐 보통 심각한 사건이 아니었습니다.

예정대로 헌병대에서 현장에 도착하여 현장 검증을 하게 되었습니다.

헌병대장에게 사고를 낸 사병이 홀어머니를 모시고 있으며 가정이 어렵다는 사실을 말씀드리고 선처를 좀 해 달라고 사정을 했습니다.

사건보고를 잘해서 사건을 무마시켜 달라고 하고 이 사건에 후유증이 생기면 책임을 진다고 말했습니다.

피해자가 요구하는 대로 다 해 줄 테니 절대로 걱정을 하지 말라고 사정을 했습니다.

피해자 보상에 관해서 요구하는 대로 들어 주기로 하고 합의서를 헌병대에 제출하여야만 헌병대에서도 이 사건을 무마할 수가 있습니다.

피해자와 합의를 하는데 보증인이 있어야 했습니다. 당장 할 수 있는 사람이 없어서 제가 보증인으로 입회를 하였고, 합의서를 가지고 헌병대에 제출하여 다행히도 사건이 잘 처리가 되었습니다.

사건을 합의하기 위해서 치과 병원에 가서 이빨 치료를 보상했는데 한 번 보상으로 되는 것이 아니고 20년 후 또 보상을 해야 한다는 것입니다. 그래서 피해자 가족과 사병가족들과 몇날 며칠을 만나서 합의서를 작성하게 되었습니다. 합의하는 과정이 정말 어려워서 진절머리가 날 정도였습니다. 사고합의를 처음으로 한 것이기에 더욱 어려웠습니다.

피해자는 많은 것을 요구하지만 가해자는 금전적으로 너무나 큰 금액을 지불하기 어려운 사정이었기에 보상을 해 준다는 것이 쉬운 일이 아니었습니다.

그럼에도 불구하고 이 사건을 놓고 기도하면서 최선을 다했더니 합의가 도출되어 사건이 무마되었으니 전적인 하나님의 은혜인 줄로 믿습니다.

지금도 생각해 보니 사고를 당한 아가씨 측이 군인이라는 약점을 이용하여 과다한 청구를 했더라면 합의는 이루어지지 않았을 것입니다.

다행히 좋은 분들이어서 적당한 선에서 치료를 하기로 했기 때문에 합의가 이루어졌습니다.

이 사건을 마무리하는 데 힘은 들었지만 깨끗이 종결지어서 기분이 너무 좋았습니다. 대대장님도 사건이 잘 마무리되어서 수고했다고 칭찬을 아끼지 않았습니다. 사병도 어려운 살림에 많은 물질을 지불하느라 고생하였습니다.

한순간의 조그마한 실수로 수많은 사람들에게 피해를 주고 금전적으로도 많은 피해를 보았습니다.

사건을 잘 마무리하고 사병에게 이렇게 말했습니다.

"젊은 날에 좋은 것을 경험했다. 인생을 살아가는 데 좋은 경험을 했으니 다시는 이런 실수를 되풀이하지 말라."고 교육을 했습니다.

본인도 이번 사건을 계기로 남은 군생활을 조심해서 하겠다고 약속하고 전역 후에도 열심히 일해서 부모님에게도 효도를 하는 자식이 되겠다고 다짐을 했습니다.

사병 부모님이 저를 찾아와서 하시는 말씀이 "이 은혜를 무엇으로 보답해야 되겠습니까." 하는데 "아무것도 바라지 않습니다. 우리 교회 출석해서 예수만 잘 믿으십시오."라고 했습니다.

부모님들은 우리 교회 등록해서 예수를 믿다가 다른 지역으로 이사를 갔습니다.

이 사건을 적극적으로 도와주고 일을 한 이유는 한 생명이라도 전도하여 구원을 시키는 데 목적이 있었기 때문입니다.

이 사건을 평생에 잊지 않고 있는 이유도 힘이 들고 어려움도 있었지만 한 영혼을 구원한다는 생각을 가지고 사건에 임하였기에 즐겁고 기쁜 마음으로 일했기 때문입니다.

하나님께서 수많은 사람들 중에서 불러 주시고 택해 주셨다는 생각을 할 때마다 감사한 마음이 들어서 늘 하나님 앞에 기도를 드리니 마음속에서 감사가 넘치고 내 입에도 감사가 끊임없이 나옵니다.

항상 기뻐하라. 쉬지 말고 기도하라. 범사에 감사하라.(데살전서5;16-18)

불우이웃에게 베푸는 온정

예비군 훈련 모금으로 불우 이웃 돕기

우리 주위에는 불우한 이웃들이 너무나 많이 있습니다.

이분들을 위해 우리 예비군들이 도울 수 있는 길이 없나 하고 고민을 했습니다.

예비군 훈련 때 모금함을 설치하여 예비군 대원들이 자발적으로 기부하는 것이 좋겠다는 아이디어가 떠올랐습니다.

예비군 대원들에게 말씀을 드렸더니 모두가 이구동성으로 동참하겠다고 쾌히 승낙을 했습니다.

훈련을 마치고 모금함에 자발적으로 성의껏 돈을 내도록 했습니다.

훈련 때마다 20-30만 원 정도의 성금이 모아졌습니다.

불우 예비군 한 가정과 불우독거노인 두 가정을 선정하여 10만 원씩 전달했습니다.

얼마 되지 않은 성금이지만 많은 사람들의 정성이 담긴 돈이라 더욱 의미가 있고 뜻이 있었습니다.

성금을 받은 분들이 좋아하는 모습에 성금을 전달하러 갔던 예비군 대원, 소대장, 사병들과 함께 감격하여 눈물을 흘렸습니다.

정말 잘한 일이라고 생각하며 가슴이 뿌듯함을 느낍니다.

어느 날 훈련을 마치고 성금을 들고 60대 중반 독거노인 할머니 집을 찾아갔습니다.

아들이 가출하고 손자 두 명을 데리고 어렵게 살아가고 계셨습니다.

너무나 가정형편이 어려워 두 차례 방문하여 성금을 드렸습니다.

세 번째 성금을 가지고 갔는데 성금을 드리니 제 손을 덜컥 잡고 눈물을 흘리며 하시는 말씀이, "나 지금까지 불교 믿었는데 예수 믿으면 안 되나." 하시는 것입니다.

그 말씀에 "할머니 예수 믿어도 되고말고요." 하면서 손을 잡고 간절히 기도했습니다.

할머니는 하염없이 눈물을 흘리고 있었습니다.

그리고 고맙다고 말을 했습니다.

아무도 어려운 할머니를 위로하고 격려하고 도와주는 사람이 없는데 예비군 대원들이 성금을 가져와서 도와주는 데 감동을 받으셨습니다.

그것도 한 번이 아니고 세 번이나 찾아왔으니 진심으로 감사하는 마음이 드신 것입니다.

그날은 할머니가 몸이 좋지 않아 병원까지 모셔드렸습니다.

그 이후 할머니는 열심히 교회에 출석을 했습니다.

어느 날 할머니를 만났는데 얼굴이 밝고 생기가 돌았습니다.

교회에 열심히 다니며 손자들과 잘 지낸다고 하면서 그동안 가정에 있었던 일 한 가지를 말씀하셨습니다.

집에 강도가 들어왔는데도 하나도 무섭지 않고 당당했었다고 합니다.

저한테 "어떤 시련이 와도 환난이 와도 예수를 열심히 믿겠다고 하여 안심할 수 있었다."고 하니 제가 얼마나 큰 은혜를 느꼈는지 모릅니다.

금장교회에 장로 친구가 있어 할머니를 부탁했더니 신앙생활 열심히 잘하신다고 말해서 기분이 너무나 좋고 안심이 되었습니다.

혼자서는 남을 돕는 일이 어렵습니다. 하지만 여러 사람이 모여서 힘을 합치면 많은 사람을 도울 수 있다는 확신이 옵니다.

이제 교회 안에서 예산을 최대한 절약하고 아껴서 교회 밖으로 내보낼 때 한 생명이라도 더 구원하리라 확신합니다.

선행이 가장 강력한 전도 방법이라는 말씀을 다시 한번 가슴에 새겼습니다.

우리가 살아갈 때 선행을 많이 하면 하나님께서 상급을 주십니다. 더 많이 계속해서 선행을 하라는 의미로 생각했습니다.

오늘부터 날마다 하루에 한 가지 좋은 일을 하리라 결심했으면 좋겠습니다.

일일일선 하는 그리스도인이 되어서 수많은 영혼을 주님께로 전도하여 이름이 영원토록 빛나기를 진심으로 소망합니다.

구제를 좋아하는 자는 풍족하여질 것이며 남을 윤택하게 하는 자는
윤택하여 지니라.(잠언11:25)

예비군 모금 전달

장학금 전달로 맺어진 인연

어느 날, 안강읍의 불우한 학생들에게 장학금을 전달해야겠다
고 마음을 먹었습니다.

예비군들도 동참하면 좋겠다는 생각에 먼저 봉사에 관해 이해
를 시키고 양해를 구할 겸 훈련을 실시하기 전 정신교육 시간을
이용하여 설득을 했습니다.

"안강읍에 불우한 학생이 많이 있는데 우리가 조금씩만 협조
한다면 도울 수 있습니다."

그렇게 하니 다들 좋은 일이니 성의껏 자발적으로 성금을 내

겠다고 했습니다.

천 원, 2천 원, 5천 원, 만 원에 이르기까지 많은 대원들이 협조를 해 주었고 재향군인 회비 보조금 20%를 전액 장학금으로 하여 기금을 조성했습니다.

이렇게 만든 기금이 360만 원이 되었습니다.

그다음으로 장학금 지급 기준을 만들었습니다.

대학생에겐 40만 원, 중고등학생에겐 20만 원을 지급하기로 했습니다.

그렇게 대학생 6명을 위해 240만 원을, 중고등학생 6명을 위해 120만 원을 주기로 하고 학생들을 선발하여 안강읍사무소 회의실에서 읍장님을 모시고 장학금 전달식을 진행했습니다.

그중에는 읍사무소 환경 미화원으로 근무하는 반장님의 딸도 있었습니다. 대학에 입학을 했는데 가정형편이 어렵다고 읍장님이 추천하셨던 것입니다.

어느 날 새벽 기도회를 마치고 나오는데 교회 맨 뒷자리에 반장님 같은 분이 보였습니다.

'내가 어두워서 잘못 보았나.'

그러나 이튿날 다시 확인해 보니 반장님이 틀림없이 맞았습니다.

그날 출근해서 반장님을 만났습니다.

어떻게 해서 교회에 나오겠다는 생각을 했느냐고 물었더니, 중대장님이 우리 딸을 위해서 장학금 40만 원을 주셨는데 보답할 길이 없어서 교회에 나왔다는 것입니다.

이 얼마나 감사한 일입니까.

그 후 그는 열심히 교회에 출석했습니다.

우리 아들이 경북과학고등학교에 합격했다고 사과를 한 상자 선물로 가져오기도 했습니다.

제가 2000년도 담습증으로 병원에 입원을 했을 때도 위문금 10만 원을 가지고 와서 주기도 했습니다. 처음엔 거절하였지만 "마음에서 우러나와서 드리는 것이니 받아 달라."는 말에 할 수 없이 받을 수밖에 없었습니다.

10만 원에 불과한 돈이었지만 제가 얼마나 기뻤는지 이해가 가십니까. 진심으로 감사의 눈물을 흘리게 되었습니다.

제 마음속에 다짐이 일어났습니다.

더 선한 일을 많이 하고 복음을 열심히 전해야지 하는 마음이 불길같이 일어났습니다.

선행이 가장 강력한 전도 방법이라는 것을 깨닫게 되었습니다.

그는 정말 인정이 많은 분이었습니다.

곧 세례를 받기 위해서 열심히 공부도 하고 있었습니다.

그런데 세례 문답을 받는 날, 사정이 여의치 않게 읍사무소에 급한 일이 생겨서 참석을 하지 못했습니다.

교회 법상 세례 문답을 받지 않은 성도님은 세례를 받을 수가 없기에 불가피하게 세례식에서 제외가 되어 다음번을 기약하게 되었습니다.

그런데 문제는 그다음이었습니다.

그렇게 열심히 공부를 했는데 세례 문답식 날 급한 일이 생겨 문답을 받지 못했다고 세례를 주지 않는 교회가 야속하다며 마음에 상처를 받았다면서 교회 출석을 하지 않게 된 것입니다.

그 후 환경 미화원 반장 자리에서 퇴임을 한 뒤에도 수차에 걸쳐서 찾아가 사정을 해도 교회에 출석하지 않았습니다.

그러던 어느 날 저에게 다급한 전화가 왔습니다.

그의 아들이 건 전화였습니다.

아버지가 나무에서 떨어져 중환자실에 있다는 것입니다.

급히 달려갔는데 그는 목 신경을 다쳐서 몸을 움직일 수 없는 채로 저를 보고 눈물만 흘렸습니다.

결국 포항 성모 병원 중환자실에서 치료를 받다가 세상을 떠나가게 되었습니다.

고인이 되었다는 말을 듣고 달려가서 가족들을 위로하고 교회에 이 사실을 말씀드렸습니다.

장례식날 목사님을 모시고 가서 기도를 한 다음 가족들을 위로했습니다.

장례식을 마치고 삼오날에도 다시 집을 찾아가서 위로를 전했습니다.

교회에서 세례문답식을 받아야 하는 일은 지극히 당연한 일이지만, 이 일을 계기로 때로는 조금씩 융통성이 있어야 한다는 생각을 해 보았습니다.

아버님이 돌아가신 뒤 아들은 군에 입대하여 안강읍대에서 사병으로 저와 같이 근무를 하게 되었습니다.

그는 교회에 열심히 출석하고 근무를 하고 있습니다.

너희는 내일 일을 알지 못하는도다 너희 생명이 무엇이냐.
잠시 보이다가 없어지는 안개니라. (약4;14)
너는 내일 일을 자랑하지 말라.
하루 동안에 무슨 일이 일어날는지 네가 알 수 없음이니라.(잠언 27;1)

환경 미화원 장학금 전달

반찬을 전달하며 맺어진 인연

매주 목요일은 봉사단체 등대회 반찬을 전달하는 날입니다.

총 50여 가구에 반찬을 전달하는데 시내 지역은 제가 직접 자전거로 배달을 했습니다.

그중 60대 후반의 자식이 없고 혼자 노년을 쓸쓸히 보내는 어르신이 있었습니다.

평상시 하는 일이 없어 주로 도박을 하는 곳에 가서 하루하루를 소일로 보내는 분이셨습니다.

매주 한 번씩 반찬을 전달하러 가다 보니 아주 친한 사이가 되었습니다.

"어르신, 예수 믿으세요. 저와 같이 안강제일교회 출석해요. 제가 어르신을 잘 모시겠습니다."라고 만날 때마다 말씀을 드렸으나 좀체 마음이 열리지 않았습니다.

반찬을 가지고 갈 때마다 간절히 기도를 드렸습니다.

포기하지 않고 만날 때마다 교회 오셔서 예수 믿으라고 권면을 했더니 마지못해 출석을 하셨습니다.

출석하는 주일도 있고 그러다가 또 빠져먹고 나오지 않는 주일도 있고, 그렇게 나왔다 안 나왔다 하면서 신앙생활을 하시던 중, 어느 주일날 식당에서 식사를 하러 갔다가 갑자기 정신을 잃고 그 자리에 쓰러지셨습니다.

나는 그 사실도 모르고 우리 교회에 출석하는 군인들 20여 명의 식사를 대접하고 교회에 왔는데 다들 나를 찾아 난리 법석이었습니다.

알고 보니 어르신이 식당에서 갑자기 쓰러져 병원에 데려가야
하는데 전도한 사람이 책임져야 한다며 나를 찾고 있었습니다.

식당으로 정신없이 올라가 보니 식당 한구석 방에 누워 있는
어르신이 보였습니다. 의식을 잃었다가 조금 정신이 돌아온 상태
였습니다.

119구급차를 불러 포항 병원으로 가면서 생각해 보니, 그렇게
많은 교인들이 있는데 누구 한 사람 선뜻 병원으로 데려가지 않
고 전도한 제가 올 때까지 기다리고 있었다는 것에 대해서 기분
이 좋지 않았습니다.

정말 사랑이 없는 것 아니냐.

천하보다 귀한 생명인데 의식을 잃고 쓰러졌다면 무조건 병원
으로 데려가는 것이 마땅한 도리인데 어찌 이럴 수가 있나.

만약 내가 교회에 있지 않고 간증집회를 떠났다면 어떻게 되었
을까.

이런 저런 생각이 차 안에서 일어났습니다.

병원에 도착하여 몸 전체를 검사했는데 다행히 큰 병은 없고
원래 심장이 조금 나빠 약을 먹고 있었다고 합니다.

병원비는 생각보다 저렴하게 나왔습니다. 생활보호 대상자라
할인이 많이 된 것입니다.

병원비를 지불하고 집으로 모셔 드렸습니다.

감사한 일이 일어났습니다.

그 후부터 주일성수를 잘하고 제 말을 잘 들으면서 신앙생활을
열심히 하게 되신 것입니다.

세례도 받고 주일을 철저히 성수하는 진실한 그리스도인이 되었습니다.

눈치를 보니 그날 병원까지 정중히 모시고 자신을 위해서 기도해 주고 헌신적으로 도와주는 모습에 감동을 받은 것 같았습니다.

그 후 어르신이 셋방살이를 하고 있는 집이 너무 누추하고 보일러와 장판, 주방 싱크대 모두가 너무 낡아서 형편이 없는 관계로 봉사요원들에게 어르신을 위해 집수리 봉사를 하자고 제의를 했더니 기꺼이 승낙하였습니다.

등대회 봉사요원들이 와서 집 전체 부분을 수리하고 모든 것을 깨끗이 해 주었더니 너무너무 감사하다고 없는 돈에 고맙다는 표시로 식사까지 제공하셨습니다.

지금도 형편이 어려운 것을 알고 교회에서 쌀과 연탄을 주기적으로 보내어 주고 있습니다.

현재는 신앙생활을 열심히 하며 건강한 모습으로 하루하루를 잘 지내고 있습니다.

진실된 마음으로 형제를 사랑으로 보살펴 준다면 사랑에 녹지 않을 사람은 없습니다.

지금까지 사랑이 부족했구나 하는 것을 깨닫게 되었습니다.

사랑으로 섬기다면 어떤 사람이라도 전도할 수 있다는 자신감도 들고 마음도 뿌듯함을 느꼈습니다.

내가 내게 있는 모든 것으로 구제하고 또 내 몸을 불사르게 내줄지라도
사랑이 없으면 내게 아무 유익이 없느니라. (고전13;3)

부모님 모시는 마음

저는 예비군 지휘관을 퇴임하면 봉사단체 등대회를 설립하여
노인들을 위하여 무료 반찬 급식도 하고 무의탁 노인들을 위한
사랑의 집도 건립하고자 했습니다. 그에 앞서 노인을 부모님처럼
섬겨 보는 경험을 해야겠다고 느껴 노부부 한 가정을 부모님처럼
모시게 되었습니다.

매주 토요일 퇴근 시간에 찾아가기로 하고 방문할 때마다 먼저
무릎을 꿇고 기도를 한 다음 할아버지 부부에게 큰절을 한 뒤 무
릎을 꿇고 앉습니다. 할아버지 부부가 편하게 앉으라 하면 그때
편하게 앉았습니다.

빈손으로 갈 수 없어 수박이나 과일, 음료수를 들고 가면 하시
는 말씀이 "나이 많은 사람 찾아 주는 것만 해도 감사한 일인데
아무것도 가지고 오지 말라."고 하십니다.

"할머니 할아버지 건강하셔서 오래오래 사셔야 됩니다. 지금
편찮으신 데는 없으십니까."라고 물어보면 아픈 데는 있지만 그
냥그냥 참고 견딘다고 하십니다.

방문할 때마다 아들 대하듯 손을 잡고 너무너무 좋아하는 모습에 제 맘도 기쁘고 즐거워졌습니다.

할아버지 부부를 방문한 지 어느덧 1년이라는 세월이 흘러 12월이 되었습니다.

할머니가 하시는 말씀이 우리도 교회에 가고 싶다며, 교회에 가도 되냐고 묻기에 "예. 할머니 할아버지 교회 출석하시면 제가 지금보다 더 잘 모셔야지요." 하고 얼른 언제쯤 가실지 여쭈어 보았습니다. 그러니 12월 크리스마스 주일날 가고 싶다고 말씀하셨습니다.

이 얼마나 듣고 싶었던 말입니까!

나는 행여나 교회 가자는 말이 부담이 될까 봐 한 번도 교회에 가자는 말씀을 드리지 않았습니다.

그럼에도 불구하고 교회에 가겠다고 말씀을 하시니 이것은 분명 성령이 하신 일이라고 느꼈습니다. 방문할 때마다 기도한 것이 열매를 맺은 것입니다.

12월 크리스마스 주일날이 다가와 약속 당일이 됐는데 안타깝게도 감기몸살로 인하여 갈 수가 없게 되었습니다.

12월이 지나고 몸이 나으실 때까지 기다렸습니다. 연세가 많으셔서 시간이 걸렸습니다.

구정 설날을 지나고서야 할머니 할아버지를 모시고 처음으로 교회에 출석을 했습니다.

그다음 주에 방문하니 할머니가 많이 편찮으셨습니다.

주말에 갈 때마다 병에 차도가 없고 오히려 깊어만 갔습니다.

그러던 어느 날, 할머니는 세상을 떠났습니다.

참으로 감사한 일은 할머니 자신이 교회를 가고자 하셨기에 분명 예수를 영접하셨을 것이라는 믿음이 들었던 것입니다.

할머니는 분명 천국에 계실 거라는 확신이 왔습니다.

할머니가 돌아가신 후 할아버지는 열심히 신앙생활을 하여 세례를 받으셨습니다.

그 후 연세가 많으셔서 노인복지 요양소로 가시게 되었습니다.

지금도 할머니가 살아생전에 저를 보고 좋아하는 그 인자한 모습이 눈에 떠오릅니다.

할머니 부부를 모시고 펼친 꿈에 따라 저는 2005년 9월 24일 안강읍에 사회봉사 단체 등대회를 설립해 안강읍민들을 모시고 읍민회관에서 창립식을 가졌습니다.

지금 봉사단체 등대회는 독거노인들을 위해서 무료 반찬 급식을 제공하고 노인복지 센터 및 저소득층 학생들을 위해서 공부방을 개설하고 있으며, 가르치는 선생님만 10명이 넘고 가정이 어려운 학생들에게는 장학금도 전달하고 있습니다. 뿐만 아니라 시골에 남아 있는 형편없이 초라한 가옥의 집수리 봉사도 하고 있습니다.

하나님은 저에게 꿈을 주시고 그 꿈을 이루어 주셨습니다.

안강읍 사회 봉사단체 등대회는 오늘도 노인들과 장애자 빈곤 가정, 불우한 이웃을 섬기는 단체로 발돋움했습니다.

앞으로는 청소년을 위한 청소년 문화의 집을 설립하기 위하여

도지사님을 면담하고 약속을 받아 경주시와 함께 추진을 하고 있는 중입니다.

살기 좋은 안강읍을 우리후손들에게 물려주기 위해서 최선을 다하겠습니다.

너는 내게 부르짖어라. 내가 네게 응답하겠고 네가 알지 못하는
크고 은밀한 일을 네게 보이리라.(예레미아33;3)

사단법인 등대회 창립식

폐병환자 아가씨 마산 폐결핵 요양병원에서 완치됨

우리 대대에 방위병으로 전입을 온 최방위병이 있었는데 대대
장과의 면담 결과 가정형편이 어렵고 누나가 폐병으로 투병생활
을 하고 있다고 했습니다. 또 부모님이 계시지 않아서 당장 의식
주 해결이 곤란하다고 합니다.

대대장님은 이 최방위병을 어떻게 해야 하나 고민을 하다가 저
에게 전화로 해결 방법을 물어 왔습니다.

전화를 받는 즉시 "대대장님, 그 방위병 제게 맡겨 주십시오."
라고 말씀 드렸습니다.

얼마 후 그를 만나고 그와 같이 점심을 먹은 뒤 살고 있는 집
을 방문했습니다.

마당에 들어서니 다듬어지지 않은 풀이 자라고 있고 방문 문살
에 종이는 찢겨져 있었습니다.

방문을 열어 보니 전기난로는 돌아갔지만 방바닥은 얼음장같
이 싸늘했습니다.

방 구들목에는 콜랑콜랑 하며 기침을 하는 아가씨 한 사람이
누워 있었습니다.

저는 무릎을 꿇고 간절히 기도를 했습니다.

그리고 누워 있는 아가씨에게 예수를 믿으라고 하였습니다.

그녀는 즉시 "예." 하고 대답했습니다.

즉시 돌아와서 아가씨를 돕기 위해 교회에 말씀을 드리고 다른
분들에게도 도움을 청했습니다.

다행히 교회에서 보일러를 고쳐 주고 쌀을 주어서 우선 먹고사

는 문제는 해결이 되었습니다.

이제 남은 문제는 병을 고치는 것입니다.

수소문을 한 결과 약방을 경영하는 권사님이 이 사실을 알고 동기생이 근무하는 경주 보건소에 연락하여 그곳에서 수속을 밟아 마산에 있는 폐결핵 요양소에 가도록 조치를 취해 주었습니다.

요양소에서 장기간 치료를 받았는데 점점 병이 회복되더니 깨끗이 치료가 되어서 이젠 결혼하여 살림을 꾸려 잘 살고 있다는 소식을 전해 왔습니다.

아가씨를 경주 보건소에 모시고 갈 때 이런 일이 있었습니다.

차가 없어서 제가 잘 알고 있는 이사장님에게 사정을 말씀드렸더니 자신의 차로 경주에 있는 보건소까지 데려다주셨습니다. 그런데 그 와중 갑자기 차를 세우더니 저보고 하는 말, "좋은 일을 하려면 물질이 있어야 한다."면서 이 근처에 땅을 구입하면 돈을 많이 벌 수 있다는 것입니다.

나는 지금 당장은 물질이 없으니 다음에 물질이 생기면 구입하겠다고 했습니다.

보건소에 도착해 보건소 소장님을 찾아갔더니 미리 연락을 받았다 하시면서 특별대우를 해 주셨습니다.

며칠이 지나 알아보니 마산 폐결핵 요양소에 잘 갔으니 걱정하지 말라고 하십니다.

참으로 감사한 일입니다.

돈 한 푼 들지 않고 마산 요양소로 가게된 것은 전적인 하나님의 은혜임이 틀림없었습니다.

그렇게 시간이 며칠 지났는데, 차를 태워준 이사장님이 헐레
벌떡 찾아오셔서 자신을 좀 도와 달라고 하십니다.

다름이 아니라 검찰에서 조사를 오면 말씀을 좀 잘해 달라는
것입니다.

부탁을 받고 이사장님이 잘한 일 선한 일을 생각해 보았습
니다.

방위협의회 의원으로서 지역향토 방위에 기여를 했고 또 불우
한 방위병을 돕는 일을 하고 있었습니다.

며칠이 지나 키가 건장한 젊은 사람이 저를 찾아왔습니다.

제 사무실에서 이사장님에 대해서 아시는 대로 말해 달라기에
미리 준비해 두었던 것을 포함하여 아는 범위 내에서 말씀을 잘
드렸습니다.

그가 일어서면서 하시는 말씀이, "근무 기간 동안 큰 상을 받
았던 것이 있습니까."라고 합니다. 대통령으로부터 받은 포장이
있다고 했더니 복사를 해 달라고 하여 복사를 해 주었습니다.

며칠이 지났는데 이사장님이 저를 찾아와서 말씀을 잘해 주셔
서 모든 것이 잘 해결되었다고 말씀을 하시고 땅 470평 문서를
가지고 와서 이 땅을 원가로 구매하라고 하셨습니다.

땅을 구매한다는 것은 생각지도 않았는데 구매하고 나니 지난
번 팔았던 땅의 양도소득세를 면제받게 되어 결과적으로 소득세
면제 받은 금액으로 땅을 구입할 수 있게 되었습니다.

폐결핵 환자를 전도했더니 하나님께서 땅을 기업으로 주셨다

고 믿습니다.

전도할 때 이처럼 축복받고, 능력받고, 은사를 받습니다.

모든 것이 전도 안에 있습니다.

하나님께서는 전도하는 자를 크게 사용하시고 축복 주시는 줄로 믿습니다.

너희 행사를 여호와께 맡겨라. 그리하면 네가 경영하는 것이
이루어지리라.(잠언16;3)

나눌수록 커지는 사랑

우리 마을에 할머니 한 분이 늘 아들 걱정을 하고 있어서 무슨 걱정이 되느냐 했더니 어린 손자가 100일이 되었는데 찬 방바닥을 기어 다니는 것이 마음이 아프다고 하셨습니다.

무엇을 필요로 하냐고 물었더니 연탄이 필요하다고 하십니다.

연탄 100장을 당장 구매해 드렸더니 너무나 좋아하셨습니다.

그 일로 할머니와 아주 가깝게 되어 할머니를 전도하려고 자주 찾아뵙게 되었습니다.

그러나 예수를 믿으라고 하면 이 핑계 저 핑계 대면서 거절하셨습니다. 지금까지 불교를 믿었는데 교회 출석을 하려고 하니

마음이 썩 내키지 않는다고 하셨습니다.

할머니를 더 적극적으로 전도하기 위해서 등대회 봉사단체에서 반찬을 전달해야겠다는 생각이 들었습니다.

무료 반찬을 들고 갔더니 얼마나 좋아하시던지요.

매주 목요일마다 할머니 집을 방문하여 반찬을 배달했습니다.

이제 우리 교회 등록하고 예수 믿으십시오 했더니 마음문이 열리기 시작했습니다.

그 결과 우리 교회 주일날 등록을 하고 열심히 신앙생활을 하게 되었습니다.

할머니 집에 반찬을 가지고 가면 아들이 가끔 있었습니다.

아들 이름을 물어보고 지금 무슨 일을 하느냐 했더니 대구에서 조그마한 일을 한다는 것입니다.

어머님이 우리 교회 출석하시니 아드님도 우리 교회 출석하라고 권면했습니다.

아들은 늘 주일날 대구에서 하는 일이 있어 그 일이 끝나야 갈 수 있다고 했습니다.

아들은 다문화 가정을 이루고 있었습니다.

어느 날 자세히 대화할 시간이 있어 이야기를 나누어 보니 옛날에 교회를 다니다가 지금 쉬고 있다며, 다시 신앙생활을 시작해야 하는데 다문화 가정을 꾸리고 있다 보니 여러가지 여의치 않은 일이 많이 있다고 하면서 늘 다음으로 미루게 된다고 했습니다.

그러나 만날 때마다 교회에 출석하여 다시 신앙생활을 시작하라고 하면서 지금 어려운 일이 있다 하더라도 하나님께서 해결해 주신다고 끈질기게 전도를 했습니다.

그러던 중 할머님이 건강이 좋지 않아 누워 계시다가 그만 세상을 떠나셨습니다.

그 이후 할머니 집에 갈 일이 없어서 아들을 만나지 못했습니다.

어느 날 길에서 차를 타고 가다가 그를 보고 차를 세워서 악수를 하고 근황을 물었습니다. 어린 딸이 우리 교회 유치원에 다니기 때문에 우리 교회에 자주 온다고 합니다.

그 이후 딸아이를 데리고 자주 오다 보니 자연스럽게 여러 번 만나게 되었습니다.

우리 교회 옆 건물이 유치원 건물이라 소예배실에서 아이들이 예배를 드리기도 합니다.

이제 전도하는 것은 시간문제라고 생각했습니다.

아들이 미국에 있어서 한 달 동안 방문을 하고 돌아왔는데 그는 교회에 등록한 상태였고 전도자는 권경식 장로라고 기록이 되어 있었습니다.

전도하려고 수없이 만나고 찾아갔지만 등록을 시키지 못하고 있었는데 미국에 잠시 갔다 온 사이에 마음문이 열려 우리 교회 등록을 하여 열심히 신앙생활을 하고 있었던 것입니다.

주일날 새 가족을 담당하는 권사님이 말씀하시길 장로님이 미국에 있을 때 등록하시면서 권경식 장로님을 전도자로 기록해 달라고 하여 전도자로 이름을 올렸다고 합니다.

20여 년 동안 수많은 사람을 전도했으나 내가없는데 내 이름으로 등록이 된 것은 처음 있는 일이었습니다.

나는 당장 찾아가서 정말 잘했다고 칭찬하고 앞으로 나와 같이 형제처럼 지내면서 신앙생활 잘하자고 당부를 드리고 기도를 했습니다.

무료 반찬배달을 하고 연탄을 선물한 것이 할머니와 아들 을 구원하는 계기가 되었습니다.

우리는 어떻게 전도해야 할까요.

전도 대상자를 만날 때마다 무엇을 도와줄까, 무슨 유익을 줄까 하는 것을 염두에 두어야 합니다. 구제를 하는 것은 전도하기 위해서 합니다.

전도하기 위해서는 물질 시간을 투자해야 합니다.

장사를 하기 위해서는 밑천이 들어가야 합니다.

천하보다 귀한 한 생명을 구원하는 일에 물질을 반드시 투자해야 합니다.

교회 안에서 많은 전도회가 있습니다. 남전도회 여전도회가 있습니다.

전도회를 만든 것은 복음을 전하기 위함입니다. 구제하는 데 우선적으로 예산을 편성해야 합니다. 오늘날 선교 기관들은 친목 및 친교하는 것이 필요하지만 거기에 더 많은 예산을 편성 하는 것은 지양해야 합니다.

교회의 본질은 전도, 선교, 구제입니다.

천하보다 귀한 한 영혼을 구원하기 위해서는 구제하는 데 예

산을 많이 편성해서 지역 사회에 병들고 굶주리고 소외된 자들을
돌보고 섬기는 일에 최선을 다해야 합니다.

구제를 좋아하는 자는 풍족하여질 것이며 남을 윤택하게 하는 자는
윤택하여지라.(잠언11;25)

마음을 흔드는 조그마한 물질 선물

일등 공무원 주부

한 청년이 예비군 읍대장 시절 교통사고로 부산세일병원에 오래 입원을 하고 다리가 많이 다쳐서 복무를 할 수 없게 되었습니다. 특수전면역을 시키고자 진단서와 서류를 구비해 병무청에 보내려고 하는 와중에 그의 어머님을 자주 만나게 되었습니다.

너무나 어렵고 힘이 든 것을 알 수 있었기에 어머님을 만날 때마다 격려하고 위로하였습니다.

아들은 병원에서 퇴원하고 다리는 완치되지 않았으나 활동은 할 수 있게 되었습니다.

그 후 어머님과 계속 친분 관계를 맺고 지냈습니다.

아들을 전도하기 위해서 수차례 방문을 하여 마침내 교회에 출석하게 되었습니다.

그러다 다리가 도로 말썽을 피워 병원에 입원한 후 만나지 못하게 되어 병원에 심방을 가서 기도하고 격려하고 위로도 했습니다.

그러나 그는 그 후 교회는 출석하지 않고 보험회사에 취직했습니다. 바쁘다는 핑계로 교회 나올 생각을 하지 않아서 수차례 방문해도 허사가 되었습니다.

어느 날 결혼을 한다는 소식을 듣게 되어 결혼식에 참석은 하지 못했지만 전날 저녁 찾아가서 축의금을 전달하고 기도하였습니다.

결혼 후 가정형편이 어려워서 시집 온 며느리가 우유배달을 할 정도로 열심히 생활을 했습니다. 그녀는 벌써 두 딸을 낳은 어머니가 되었습니다.

어느 날 시어머니를 만났는데 저 보고 하시는 말씀이, 우리 며느리 머리가 좋아서 지금 공무원 시험을 준비하느라 도서관에서 틈나는 대로 공부를 한다고 합니다.

저는 즉시 찾아가서 기도도 해 주고 선물도 주고 『긍정의 힘』이라는 책도 선물을 드리면서 그가 공무원 시험에 합격되기를 기도하기 시작했습니다.

공무원 시험이 얼마나 치열합니까.

요즈음 공무원 시험에 합격된다는 것은 그야말로 하늘에 별 따기만큼 어렵다는 것은 이미 다 아는 사실입니다.

그녀는 열심히 공부한 결과로 처음에 한 번 떨어지고 두 번째에 당당히 합격을 했습니다.

그야말로 피나는 노력이 아니고는 불가능한 일입니다.

그 후 시간이 지났습니다.

어느 날 핸드폰을 열어 보니 저에게 부재중 전화가 왔는데 아는 분이었습니다.

다시 전화를 걸어서 무슨 일로 전화를 했냐고 물었더니 "저 교회에 가고 싶습니다."라고 말하는 것이 아닙니까. 그 순간 얼마나 감격했는지 저절로 말이 튀어나왔습니다.

"교회 가고 싶다고요. 그래요. 교회 갑시다!"

우리 교회는 1부는 9시에 시작하고 2부는 11시에 시작하는데 아이들이 있으니 1부 9시에 가면 좋겠다고 말해서 약속을 잡았습니다.

차로 모시러 가려 했으나 자기의 차로 교회에서 만나자고 하였고 그 주에 등록을 하였습니다. 얼마나 열심히 신앙생활을 하는지 그저 감사할 일밖에 없었습니다.

아내 분은 교회에 출석할 때 이미 세 번째 아이를 배 속에 품고 있었습니다.

교회에 출석하여 6개월 정도 되어서 아기를 출산하였고, 교회에서 지급하는 출산장려금을 받게 되었습니다. 우리 교회의 출산장려금 규정은 첫 아이 10만 원, 둘째아이 30만 원, 셋째 아이는 100만 원을 주도록 되어 있습니다. 그녀는 우리 교회에서 두 번째로 출산장려금 100만 원을 받는 축복을 받았습니다.

아이들도 잘 자라고 공무원이자 가정주부로서 맡은 일을 잘 감당하는 일등공무원 일등가정주부로 최선을 다하는 모습이 정말 아름답습니다.

성격이 긍정적이고 활달해서 모든 일을 잘 처리하고 있습니다.

남편도 조그마한 가게를 내어서 일하고 있습니다.

지금도 남편이 교회에 출석하여 합심 가정이 되기를 기도하고 있습니다.

어려울 때 말 한마디, 기도 한 번, 조그마한 선물은 큰 위로가 됩니다.

사람은 누구나 큰 것에 감동되는 것이 아니라 아주 조그마한 일에 감동이 됩니다.

전도하려면 불신자를 감동시켜 마음 문을 열어야 됩니다.

너그러운 사람에게는 은혜를 구하는 자가 많고 선물 주기를
좋아하는 자에게는 사람마다 친구가 되느니라.(잠언19;6)

초등학교 여자 동기생

매년 5월 5일 어린이날은 안강초등학교 12회 동기회로 전국 각 지역에 사는 동기생들이 모이는 날입니다.

고향인 안강읍에 모여서 놀기도 하고 관광버스를 대절해서 먼 곳으로 가기도 합니다.

초등학교 동기생들은 남녀공학으로 2개 반 120명 정도 졸업을 했습니다.

벌써 50대가 훨씬 넘어서 모두가 흰머리가 나고 얼굴에 주름

살이 생기기 시작했습니다.

그래도 동기생이 모이면 초등학교 시절로 돌아갑니다.

초등학교 모임은 어떤 모임보다도 최고로 즐겁고 기쁜 모임입니다.

만나서 그동안 있었던 이야기를 듣고 말하다 보면 시간이 언제 갔는지 하루가 너무나 짧게 느껴집니다.

오랜만에 만나서 노래도 한 곡조씩 부르며 박수를 치며 한바탕 신나게 놀고 나면 어느새 밤이 됩니다.

오늘도 동기생 모임이 끝나고 한두 명씩 내년에 다시 만나자고 약속하면서 악수를 하고 헤어졌습니다.

마침 나오는데 여자 동기생이 있어 전도를 하고 싶은 생각이 떠올랐습니다.

여자 동기생의 집은 유네스코로 지정된 양동마을인데 안강읍에서 약 4키로 떨어져 있는 곳입니다. 일반 버스가 없어 택시를 타고 가야 합니다. 평소 같으면 차를 태워 줬을 텐데 그날따라 가까운 곳에서 모인다고 차를 집에 두고 왔습니다.

동기생에게 택시비 2만 원을 호주머니에서 재빨리 꺼내 내어 주면서 택시를 타고 가라고 했더니 돈을 받지 않으려고 합니다.

한번 낸 돈을 다시 넣을 수는 없다며 성의를 무시하지 말고 택시를 타고 가라고 억지로 택시비를 건네주었습니다.

며칠이 지났는데 전화가 왔습니다. 받아 보니 그 여자친구의 전화였습니다.

그날 너무 고마웠다고 말하며 나도 안강제일교회 다니고 싶은

데 나가면 안 되냐고 물어 왔습니다.

저는 깜짝 놀라면서 당연히 된다며 우리 교회에 다니라고 말했습니다.

그 주에 여자 친구가 등록했는데 얼마나 열심히 신앙생활을 하는지 모릅니다. 식당에서 봉사를 할 때도 너무나 즐겁고 기쁜 마음으로 일하는 모습을 보면 대견스럽습니다.

남편은 신앙생활은 하지 않았지만 주일마다 부인을 교회 데려다주는 착한 남편이었습니다.

그러던 중 남편이 갑작스럽게 병이 나서 진단결과 암으로 판정되어 안타깝게도 세상을 떠나게 되었습니다.

친구는 남편이 고인이 된 다음 차를 태워 줄 사람이 없어서 주일날 교회 출석하기가 힘들어지자, 어느 주일날 저를 찾아와서 "우리 동네에도 양동교회가 있는데 거기서 열심히 신앙생활을 하고 싶다."고 말했습니다.

양동교회에서 얼마나 열심히 신앙생활을 하는지 새벽 기도회에 한 번도 빠지지 않고 제일 기도를 많이 하고 봉사도 잘하는 모범 신앙생활을 하고 있습니다.

지난번 백암 온천에서 경북 장로 총연합회 수련회가 있었는데 목사님을 모시고 다른 성도님들과 참석을 했습니다.

양동교회 안에서 가장 신앙이 좋은 집사가 되어 있었습니다.

그 이후 동기생 모임에서도 정말 모든 일에 헌신적으로 일을 합니다.

우리 주위에서 만나게 되는 사람들에게 조금만 배려한다면 불신자들의 마음을 움직일 수 있습니다.

사람들은 큰 것에 감동을 받는 것이 아니라 아주 작은 것에 감동을 받는다는 사실을 알게 되었습니다.

전도는 불신자를 감동시켜서 마음 문을 여는 것입니다.

조그마한 배려가 천하보다 귀한 생명을 구원한다는 사실을 알고 항상 어떤 장소에 있다 하더라도 불신자를 배려하고 섬기는 일을 잊지 말아야 합니다.

눈물을 흘리며 씨를 뿌리는 자는 기쁨으로 거두리로다.
울면서 씨를 뿌리려 나가는 자는 반드시 기쁨으로 그 곡식단을
가지고 돌아오리로다. (시편126;5-6)

지팡이 선물로 맺어진 인연

오랜만에 초등학교 동기생 친구를 길에서 만났습니다.

옛날에 신앙 생활했던 친군데 지금은 신앙생활을 하지 않고 있었습니다.

만난 김에 우리 교회 출석하라고 했더니 첫마디로 "대단한 놈"이라고 하면서 요즈음 전도하는 사람을 못 보았는데 아직도 전도를 한다며 칭찬을 합니다.

친구를 전도하기 위해서 수차례 집을 찾아갔습니다.

그는 찾아갈 때마다 바쁘다는 핑계, 시간이 없다는 핑계를 대면서 늘 다음에 출석한다고 말했습니다.

그러던 어느 날 찾아와 하는 말이 자기 어머니가 쓸 지팡이를 선물하라고 합니다.

무슨 영문인지 몰라 물어보니, 아들이 자기 어머니 지팡이를 직접 선물하지 않고 다른 사람이 해 주면 좋다는 풍습이 있답니다.

즉시 지팡이를 구매하여 선물로 주었습니다.

친구는 선물을 받아들고 싱글벙글 웃으면서 어머님과 이번 주일 교회에 출석할 테니 걱정하지 말라고 하였습니다. 깜짝 놀라 확실히 약속을 하는 거냐고 했더니 그렇다고 다짐을 받았습니다.

어머님도 옛날에 교회에 열심히 출석하다가 지금은 한참 쉬고 있다며 연세가 80가까이 되셨다고 합니다. 교회 출석하는 것이 너무 좋아서 밤마다 걷는 연습을 한다는 말을 들었습니다.

교회 가시기 하루 전날 토요일인데 할 말이 있다고 전화가 왔습니다.

무슨 일인가 싶어서 저녁 시간에 방문을 했더니 어머니께서 소원이 있다는 것입니다.

말씀하시라고 했더니, "자신이 이 세상을 떠나게 되면 우리 교회 부활 동산에 묻히기 원한다."고 꼭 약속해 달라고 하셨습니다.

내일 교회에 등록하면 목사님께 말씀을 드려서 꼭 묘를 쓸 수 있도록 도와드릴 테니 걱정하지 마시라고 했습니다.

주일날 승용차로 모시고 출석하여 등록한 뒤 목사님을 만났는데 어머니의 소원을 들으시고 걱정하지 말라고 하시면서 꼭 그렇게 해 주겠다고 약속을 하셨습니다.

그분은 그 후 신앙생활을 열심히 하시면서 구역 예배를 갈 때마다 수고를 많이 한다며 아들을 잘 부탁한다고 말씀하며 다니시곤 했습니다.

그 후 근력이 점점 쇠약해져서 교회 출석할 수 없게 되셨다가 결국 세상을 떠나 천국에 가셨습니다. 그리고 살아생전에 소원했던 대로 부활 동산에 묻히게 되셨습니다.

장례식은 우리 교회 목사님과 장로님, 많은 성도님들이 참석하고 하나님의 은혜 가운데 성대하게 치러졌습니다.

지금 생각해 보니 조금만 늦어도 천국에 가지 못하였을 텐데 지팡이 하나로 다시 한 가정이 주님 앞에 돌아오게 된 것이 얼마나 감사한 일인지 모릅니다.

복음을 전하는 일은 시간을 다투는 일입니다. 따라서 누구든지 만나는 사람에게 복음을 전해야 합니다.

때를 얻든지 못 얻든지 전도하고 복음 전하는 일이 가장 시급하고 중요한 일인 것입니다.

우리가 일하는 모든 곳이 전도 장소가 되어야 합니다.

친구는 장례식을 마치고 모두에게 감사한다고 말하고 눈물을 흘렸습니다.

자신은 아는 일가친척도 없는데 교회에서 정성껏 장례식을 치러 주었으니 얼마나 감사한 일입니까.

나는 친구에게 어머님 살아생전에 신앙생활 잘하라고 수없이
당부를 했고 저에게도 부탁을 하였으니 결코 그 말씀을 잊지 말
라고 이야기했습니다.

어머님에게 효도하는 일이 곧 신앙생활을 잘하는 것이라고 말
해 주었습니다.

남을 위해서 사는 인생이 가장 값어치 있는 인생입니다.

남을 위해서 사는 가장 값어치 있는 인생은 전도하는 인생입
니다.

헌신 헌신 헌신 중에 최고의 헌신이 전도임을 믿으시기 바랍
니다.

축복 축복 축복 중에 전도가 최고의 축복임을 잊지 마시기 바
랍니다.

너는 말씀을 전파하라 때를 얻든지 못 얻든지 항상 힘쓰라.
범사에 오래 참음과 가르침으로 경책하며 경계하며 권하라.(디후4;2)

이슬비 전도편지와 간호사 아가씨

국제 라이온스 회원으로 입회를 해서 사무실 간사로 지낸 아가씨가 있었는데 어느 날 저에게 찾아왔습니다.

어쩐 일이냐고 물었더니 라이온스 사무실 간사를 그만두고 새로운 일자리를 찾는다고 말하며 새로 일하고 싶은 곳이 내가 잘 아는 회사라고 말했습니다.

"내가 잘 아는 회사는 없는데" 고개를 갸우뚱했더니 이름을 말해 주는데 정말 제가 잘 아는 휴게소였습니다.

나는 그곳에 있는 사장님뿐만 아니라 휴게소 전체를 관리하는 분도 잘 알고 있었습니다.

아가씨에게 조건이 있다고 말했습니다.

그 회사에 들어가면 교회에 출석한다는 약속이 있어야 한다고 했더니 입사만 시켜 주시면 그렇게 하겠다고 하였습니다.

그렇게 약속 후 휴게소에 찾아가서 말씀을 드려서 아가씨는 입사하게 되었고 그 후 약속대로 교회에 출석을 했습니다. 신앙생활을 잘하고 근무도 잘하였습니다.

그런데 어느 날, 아가씨가 회사를 그만두었다는 이야기를 들었습니다. 그다음 주부터 교회도 출석하지 않았습니다. 연락도 없고 어디에서 무엇을 하는지도 알 수가 없었습니다. 아무리 연락해도 연락이 되지 않아 찾을 길이 없어서 할 수 없이 포기하게 되었습니다.

어느덧 2년 이상 세월이 흘렀습니다.

우리 교회 전도대상자를 놓고 이슬비 전도 편지를 보내기로 하고 대상자를 기록하는데 취직을 시켜 준 아가씨 생각이 나서 그녀에게도 편지를 보내기로 하였습니다.

이때 저는 편지를 보내어도 답장을 받지는 못했으나 매주 1회 이슬비 전도 편지를 12명 이상에게 보내고 있었습니다.

그러던 어느 날 한 사람으로부터 답장이 왔는데 다름 아니라 내가 취직을 시켜 준 그때 그 아가씨였습니다.

얼마나 반가운지 편지를 얼른 뜯어서 내용을 읽어 보았습니다.

편지 내용은, 자신을 잊지 않고 편지를 보내 주고 기도해 준데 대해 너무 감사한다는 내용이었습니다.

수많은 이슬비 전도 편지를 보내어도 답장을 보내 주는 사람은 없었는데 제1호로 답장을 받게 되어서 저에게는 무척 힘이 되었습니다.

용기와 힘이 생겨 계속적으로 이슬비 전도 편지를 보내면서 관계를 유지했습니다.

아가씨는 그동안 간호사가 되기 위해서 간호사 공부를 하고 있었다고 했습니다.

어느 날 저에게 전화가 걸려 왔습니다.

그동안 편지를 보내 주어서 큰 힘이 되었다고 말하면서 졸업을 하게 되어 취직을 해야 하는데 취직할 곳이 포항에 있는 기독교 재단이기 때문에 교회에 출석하는 목사님 확인서가 있어야 한다고 합니다. 요즈음 너무 바빠서 교회 나갈 시간은 없으나 집사님은 전도왕이고 목사님을 잘 알고 계시니 교인 확인서를 만들어서 좀 부쳐 달라는 내용의 전화였습니다.

아무리 전에 교회출석을 했다지만 현재 출석하지 않는 사람에게 교인 확인서를 준다는 것은 어려운 일이었습니다.

안 되는 줄로 알고 있었지만 박절하게 거절하면 너무 실망할 것 같아서 목사님에게 말씀은 드려 보지만 기대를 하지 말라고 한 뒤 전화를 끊었습니다.

목사님을 찾아가서 자초지종을 말씀드렸더니 목사님 하시는 말씀이 "전에 교회에 출석을 했기 때문에 다시 교회 출석만 하면 그 날짜로 교인증을 발급해 주겠다."라고 하셨습니다.

그 이튿날 다시 전화를 걸어 목사님의 말씀을 전했습니다.

시간이 다급하니 이번 주 수요일부터 출석하겠다고 약속을 받았습니다.

약속한 대로 그녀는 수요일 예배에 참석을 하고 교인 확인서를 발급받아 병원에 제출하여 근무를 하게 되었습니다.

이슬비 전도 편지를 통해서 한 영혼을 구원하게 되었습니다.

우리가 살아갈 때 남에게 편지를 받으면 얼마나 기분이 좋은지 편지를 받아 보신 분은 다 알고 있을 것입니다.

하물며 하나님의 말씀이 담긴 편지를 보낸다는 것은 얼마나 신나고 즐겁고 아름다운 일입니까.

이슬비 전도편지를 받는 분들도 얼마나 좋아하시는지!

처음엔 별것이 아니라고 생각을 했으나 시간이 지나니 편지 받는 날만 되면 자꾸 기다려진다는 이야기를 들었습니다.

이슬비 전도 편지를 하시는 분은 인내와 끈기가 있어야 합니다.

최소한 8주 또는 12주 동안 보내고 계속해서 1년 2년 정도 보내 각오가 되어야 합니다.

내가 복음을 전할지라도 자랑할 것이 없음은 내가 부득불 할 일이라. 만일 복음을 전하지 아니하면 내게 화가 있을 것이로다.(고전 9;16)

칭찬은 고래도 춤추게 한다

고향에 중학교 일 년 선배이고 부인은 저와 동기생인 지인이 있습니다.

그는 고향에서 식당을 운영하고 있습니다.

동기생은 청소년 선도를 하고 좋은 일 하는데 앞장을 서서 일하기 때문에 우리교회에서 유니폼을 제작할 때도 조금 후원을 해 주었습니다.

제가 하고 있는 봉사단체 등대회도 관심을 가져 주면서 역시 작은 금액이지만 또 후원을 해 주었습니다.

그러던 어느 날 서울에 사는 다른 여자 동기생에게 전화가 왔습니다.

안강에서 식당을 하는 그 친구를 전도하고 싶다는 것입니다.

이전부터 동기생들과 그 식당에 가서 자주 식사를 했었기에 서로 알고 지내는 사이였습니다.

허나 전도를 하려고 전부터 노력을 해도 끄덕도 하지 않았습니다.

하루는 아이디어가 떠올랐습니다.

동기생은 다음에 전도하고 남편 되시는 선배님부터 전도를 해야지 하는 생각이 든 것입니다.

선배님을 찾아가서 "선배님, 우리 목사님에게 식당 자랑과 선배님 말씀을 드렸습니다. 선배님 식당 음식 맛도 좋고 음식 가격도 저렴하고 예의도 바르고 친절하다고 소개를 했더니 선배님 을 모시고 우리 교회 출석하라고 말씀하셨습니다. 선배님 우리 교회 출석하십시오. 제가 선배님을 잘 모시겠습니다."

이렇게 말씀을 드렸더니 처음에는 별 반응이 없었습니다.

그래도 포기하지 않고 2번 3번 만날 때마다 말씀을 드렸더니 기분이 좋아져서 마음문이 열리기 시작했습니다.

실제 목사님에게는 말씀을 드리지 않았으나 말씀을 드렸다고 거짓말한 거지요.

목회에 바쁘신 목사님에게 일일이 하나하나 말씀드릴 수는 없지만 목사님을 이야기하면서 불신자에게 전도를 하면 할 말이 많아지고 듣는 분도 기분 좋게 받아들이는 경우가 많이 있습니다.

예를 들면 전도대상자 중에서 몸이 아픈 사람이 있으면, "형제님, 우리 목사님에게 기도를 부탁 드렸습니다. 우리 목사님이 기도하고 있기 때문에 빠른 시일 내에 치유되고 회복될 줄로 믿습니다." 이렇게 이야기합니다.

예수 믿지 않는 분들도 기도해 준다고 하면 싫다는 분은 없습니다.

기도를 해 준다고 하면 모두가 기분 좋게 받아들입니다.

그렇게 칭찬을 통해서 선배님을 우리 교회로 모시고 가서 등록을 하고 예배를 드렸습니다.

선배님 동기생 중에는 장로님으로 계시는 분이 있어서 동기생이 교회 출석하여 예수 믿게 되었다고 하자 당회실까지 모시고 와서 차 대접을 하였습니다.

선배님은 그 후 열심히 신앙생활을 하여서 세례를 받았습니다.

세례받는 날 꽃다발을 드리고 기념 촬영까지 하자 나도 모르게 감격의 눈물이 흐르면서 선배님을 앞으로 더 잘 모셔서 동기생 친구까지도 꼭 전도해야겠다는 다짐을 했습니다.

장로님들은 선배님이 우리 교회에서 예수를 믿는다며 고마운 마음에 선배님의 식당에 여러 번 방문하여 식사를 하게 되었습니다.

칭찬은 고래도 춤을 추게 한다고 했습니다.

일상생활에서 우리가 다른 사람을 얼마나 칭찬을 하고 있는가를 뒤돌아보면 정말 너무나 인색하였다는 사실을 발견하곤 합니다.

우리도 다른 사람들로부터 조그마한 칭찬을 받으면 얼마나 기분이 좋아서 들뜹니까?

칭찬 한마디가 한 사람의 인생을 바꿀 수도 있습니다.

지금까지 살아오면서 칭찬에 인색했던 나 자신을 반성하고 회개하는 시간이 되었습니다.

전도에 있어서 가장 기본은 사람을 감동시키는 것입니다.

감동을 받게 되면 마음문이 열리게 됩니다.

마음문을 여는 데 가장 좋은 방법은 칭찬입니다.

그래서 제가 붙인 이름이 칭찬 전도법입니다.

전도할 때 불신자의 장점을 찾아서 칭찬을 한다면 가장 멋진 전도가 될 것입니다.

어떤 사람이라도 칭찬을 받게 되면 칭찬해 주는 사람과 가까워지고 그 사람을 존경하고 좋아합니다.

칭찬하는 것을 일상생활에서 자연스럽게 할 수 있도록 습관화시켜서 몸에 배도록 하여 수많은 사람을 구원시킬 줄 믿습니다.

아무에게도 악을 악으로 갚지 말고 모든 사람 앞에서 선한 일을 도모하라. 할 수 있거든 너희로서는 모든 사람과 더불어 화목하라.(롬12;17-18)

전도에는 실패가 없다

아파트에 함께 살았던 방위병 전도

군부대에 방위병으로 근무하는 청년이 우리 아파트에 같아 살고 있었습니다.

전도하기 위해서 수차에 걸쳐서 만나고 교회에 출석하기로 약속했지만 교회 가는 주일날만 되면 이 핑계 저 핑계를 대면서 교묘하게 빠져나가 도저히 전도할 수가 없었습니다.

전역 후 그는 고향에 살지 않고 타 지역으로 가서 연락이 두절되어 수년이 흘렀습니다.

어느 날 전화 한 통이 왔는데 받아 보니 중대장님 "저 이○○입니다." 하고 소개를 합니다. 처음에는 누군지 알 수가 없었으나 "저 아파트에 같이 살고 있었던 방위병 누구입니다."라고 재차 말하니 그제야 알게 되었습니다.

"그래 오랜만이네. 요즈음 어디 살고 있느냐." 하고 물었습니다.

"중대장 님, 저 전역 후 지금 수원에 살고 있습니다. 우리 옆집에 권사님이 게셨는데 전도되어서 권선교회에 출석하고 있습니다. 교회 출석한 지 얼마 되지 않았는데 방언도 터지고 눈물을 흘리며 엄청나게 회개 기도를 했습니다. 예수 믿는 것이 이렇게 즐겁고 기쁜데 왜 진작 예수를 믿지 않았는지 진심으로 후회가 됩니다. 중대장님이 저를 전도하기 위해서 수없이 찾아오고 약속했지만 그때마다 이 핑계 저 핑계를 대어서 교묘하게 가지 않았던 일들을 생각해 보니 후회스럽기 짝이 없습니다. 우리 목사님한테 예비군 중대장 하시는 대한민국 발바닥 전도왕이 있다고 소개를 했더니 목사님이 전화연락을 하라고 하기에 오늘 연락을 드렸습니다. 우리 목사님이 제 옆에 계시는데 전화를 바꾸어 드리겠습니다."

하면서 목사님과 전화 연결이 되었습니다.

목사님께서 전도 간증 집회를 부탁하시기에 쾌히 승낙을 하고 날짜를 정하여 약속하고 교회에 가서 간증을 했습니다.

하나님의 은혜가 임하여 한 번 간증한 이후 또 초청을 받아 두 번의 간증을 했습니다.

청년은 예수를 열심히 믿기 위해서 전도 대학에 입학하여 전도에 대한 훈련을 받고 있었습니다.

한번은 우리 아파트에 있는 누나를 전도해 달라고 저한테 부탁을 했습니다.

고향 친구들을 전도하기 위해서 전화를 걸어 고향에 오면 복음을 전하기도 했습니다.

제가 운영하는 사회봉사단체 등대회도 많은 물질로 후원해 주시고 복음을 전하기 위하여 열심히 기도하면서 최선을 다하고 있습니다.

그런데 그렇게 신앙생활을 하고 있는 와중 그가 하는 일에 위기가 닥쳤습니다.

사업이 하루아침에 어려움에 빠져 정신을 차릴 수가 없게 된 것입니다.

그러나 그는 좌절하지 않고 포기하지도 않고 열심히 기도하면서 어려운 위기를 극복하고 다시 일어섰습니다.

하나님이 어려움을 주신 것은 자신을 더 크게 사용하시려고 주신 일임을 깨닫고 더욱 간절히 신앙생활하며 조그마한 가게를 내어 열심히 살고 있습니다.

결혼하여 아기를 낳아서 아기도 무럭무럭 잘 자라고 아내와 열심히 행복한 가정을 꾸리고 있습니다.

한 사람의 영혼을 구원하는 일이 결코 쉽지 않다는 교훈을 받았습니다.

한 사람의 영혼을 구원하는 데는 일곱 사람의 복음 전파자가 필요하다고 합니다.

내가 직접 교회에 등록시키지 못했다 하더라도 복음의 씨앗을 뿌리면 반드시 전도된다는 교훈을 얻었습니다.

전도에는 실패가 없습니다

이말씀을 가슴에 새겨 두시기 바랍니다

우리 주위에 예수를 믿지 않고 죽어 가는 영혼들이 얼마나 많이 있습니까. 그들을 찾아가서 복음의 씨앗을 뿌립시다.

그리고 결과는 하나님께 맡기면 반드시 구원될 줄로 믿습니다.

오직 선을 행함과 서로 나누어 주기를 잊지 말라
하나님은 이 같은 제사를 기뻐하시느니라.(히13;16)

군부대 전도 사진

10여 년의 세월이 걸린 전도

우리 아파트 관리를 하시는 아저씨가 있었습니다.

아저씨는 10년 동안 근무를 하고 계셨습니다.

그분을 전도하기 위해서 명절 때가 되면 선물을 드리고 교회에
출석하라고 말씀드리면 다음에 꼭 출석한다고 늘 약속을 하고 당
일엔 핑계와 이유를 댑니다.

그래도 포기하지 않고 평상시에 늘 관심을 가지고 복음을 전했습니다.

선물을 드릴 때마다 감사한다는 인사는 곧잘 했습니다.

"아저씨 예수 믿고 천국 가야지요. 혼자만 가시면 안 되고 아주머니와 같이 천국 가야 합니다."

전도하기 위해서 수없이 설득하고 복음을 전했지만 약속은 잘하는데 막상 출석하는 날이 되면 또 무슨 일이 있어서 못 간다고 합니다.

"아저씨, 교회 출석하시려면 세상일을 제쳐 놓고 가야지요. 세상일을 다 보시고 하려면 절대로 갈 수 없습니다. 이제 주일날 보실 일들을 미리하시든지 그렇지 않으면 다음으로 미루든지 해야 됩니다."

"참으로 그 말이 맞는 것 같은데 주일날 아니면 안 되는 일이 자꾸 나오니 나도 어쩔 수 없는 일이지. 나도 내 마음대로 할 수 없네요."

이렇게 안 가신다는 말은 하지 않고 노력해 보겠다고 하시면서 이루어지지가 않는 것입니다.

전도를 해 보니 교회 출석을 하는 것을 쉽게 말씀하시는 분이 오히려 전도하기가 어렵다는 것을 실감하고 있습니다.

수십 번 어떤 때는 매주 말씀을 드려도 전도를 할 수 없었습니다.

그렇게 세월이 흐르고 아저씨는 건강이 좋지 않아 우리 아파트 관리를 그만두게 되었습니다.

이제 아파트에 근무를 하지 않아서 만나기가 어렵게 되었던 차였는데 어느 날 길을 가다가 다시 우연찮게 마주치게 되었습니다.

"아저씨 오랜만입니다. 요즈음 건강이 어떠십니까."

말씀을 드렸더니 무척 반갑게 맞으면서 아파트에 근무할 때 많이 도와주어서 고맙다고 인사를 하십니다.

그리고 건강도 많이 좋아졌다고 말씀을 하셨습니다.

그분을 그토록 전도하려고 노력하고 애써보았지만 결국 전도하지 못했으나 이번에는 다시 전도를 시작하여 꼭 교회에 출석시켜야겠다는 결심이 확고히 섰습니다.

"아저씨, 이제 건강도 많이 좋아졌고 근무도 하지 않으니 시간이 많이 있지요. 이제 우리교회 출석하면 건강도 좋아지고 하시는 일들이 잘될 줄로 믿습니다. 아저씨가 편찮아하실 때 병문안도 못 가고 해서 너무 죄송스럽습니다."

뒷주머니에 손을 넣어서 일금 2만 원을 손에 쥐어 주었더니 안 받으려고 하셔서 "저의 조그마한 성의니 받아 주십시오." 했더니 결국 받아 주셨습니다.

"이제는 저와 같이 우리 교회 출석하여 예수 믿고 인생을 즐겁게 기쁘고 사시면 건강도 오고 모든 일이 잘됩니다. 이번 주에 제가 모시러 갈 테니 저하고 교회 출석하여 등록합시다."

그렇게 이번 주에 꼭 출석 하겠다는 다짐을 받았습니다.

주일날 모시러 갔더니 처음으로 준비를 하고 계셨습니다. 그 길로 출석하여 등록을 마쳤습니다.

그 후 몇 주간이 지나서 아주머니도 같이 교회에 출석하게 되었습니다.

아파트 관리하시는 아저씨를 전도하기 위해서 무려 10여 년이 걸린 셈입니다.

그렇게 수없이 만나서 설득하고 복음을 전해도 오지 않던 아저씨의 마음문이 열리게 된 것은 얼마 안 되는 작은 위로금 때문이었습니다.

우리가 전도할 때 불신자의 마음문을 열어야 하는데 그것은 거창한 것으로 되는 것이 아니고 항상 조그마한 것에 감동되어 이루어진다는 사실을 알아야 합니다.

불신자를 만날 때마다 무슨 유익을 줄까 하는 것을 염두에 두어야 합니다.

지금까지 전도를 하여 성공을 한 사람들 중 80%는 모두 저에게 도움이나 유익을 받은 분들이었습니다.

하나님께서 우리에게 주신 물질은 영혼을 구원하라고 주신 물질임을 믿으시고 영혼구원을 위해서 물질이 사용될 때 30배 60배 100배의 축복을 주실 줄 믿습니다.

그들이 날마다 성전에 있든지 집에 있든지 예수를 그리스도라고
가르치기와 전도하기를 그치지 아니 하니라.(사도행전 5;42)

한밤중에 걸려 온 반가운 소식

예비군 훈련을 하는 날입니다.

오늘따라 예비군 한 사람이 눈에 들어왔습니다.

휴식 시간에 만나서 대화를 해 보니 상냥하고 긍정적이며 사회에서도 열심히 일하고 있는 청년이었습니다.

예비군 훈련 시간에도 강의를 듣는 태도가 남다르고 열심히 경청을 하는 모습이 마음에 들었습니다.

훈련을 마치고 청년과 차를 타고 집으로 돌아오며 대화를 해 보니 말귀를 잘 알아들어 좋은 인상으로 남게 되었습니다.

그날 인연이 되어 청년에게 관심을 가지고 접근하면서 그를 전도하여 교회 출석을 시켜야 되겠다는 마음이 들었습니다.

시간이 나면 전화도 걸면서 안부를 물어보고 예비군 훈련 때마다 특별한 관심을 가졌습니다.

그리고 그가 운영하는 식당에 가서 냉면도 먹었습니다.

그는 청년회의소 봉사 활동에도 참가하고 있는 건전한 청년이었습니다. 제가 운영하고 있는 등대회 봉사 단체에도 관심을 보여 주었습니다.

청년을 만날 때마다 교회 출석하라고 말씀 드렸으나 아직 시간이 없고 바빠서 할 수 없다는 핑계를 들었습니다.

어느 날 그를 다시 만났는데 하는 사업이 잘 안 되어서 객지에 가서 새로 시작한다면서 가끔 고향에 온다고 이야기를 합니다.

이제는 더 시간을 보내지 말고 우리 교회에 출석하라고 다시 설득을 했더니, 요즈음 사업이 너무 힘들어서 사업이 좀 좋아지면 출석하겠다고 합니다.

"이 세상에 하는 모든 일은 내 마음대로 내 뜻대로 되는 것이 아니다, 하나님이 도와주시고 길을 열어 주셔야 된다."는 말씀을 전했습니다.

제가 보기에도 그가 힘든 시기를 보내고 있다는 것을 알 수 있었습니다.

"세상의 모든 사람들이 자신이 잘되려고 하지만 마음대로 안 되는 것을 모두가 경험했다. 자네도 지금 경험을 하고 있는 중이다. 인생을 살아가는 데는 반드시 고비가 있다. 이 고비를 잘 넘겨야 한다. 어려운 시기에 하나님 앞에 나가서 기도하고 소원을 아뢰며 하나님께서 지혜도 주시고 능력도 주시고 길을 열어 주신다. 지금도 늦지 않았으니 우리 교회에 출석하라."고 권면을 해도 막무가내였습니다.

그래도 저는 절대로 포기하지 않았습니다.

아직 30대 청년이기 때문입니다.

아직 때가 되지 않았으니 좀 기다리면서 여유를 가지고 전도하기로 했습니다.

청년은 내 말을 잘 들어 주고 내가 하는 일에 관심을 가지고 앞으로 사업이 잘되면 적극적으로 도와주겠다고 말하였습니다. 나에게는 만날 때마다 힘을 주고 용기를 주는 청년이었습니다. 단지 교회 출석하는 것이 안 되는 것이 안타까울 뿐이었습니다.

어느 날 저를 찾아와서 하는 말이 고향을 떠나 포항지역으로 이사를 간다고 합니다.

언제 이사 가느냐고 물었더니 바로 떠난다는 것입니다.

이사를 가서 열심히 일하고 종종 안부도 전하고 내가 항상 기도하고 있는 것을 잊지 말라고 말했습니다.

포항에 이사를 가서 일 년쯤 지났습니다.

밤에 잠을 자는데 한밤중 12시가 지나 전화가 왔습니다.

"누구십니까." 자는 잠결에 전화를 받으니,

"중대장님 저 누구인데요." 하는데 그때서야 포항으로 이사 간 청년임을 알게 되었습니다.

그래 이 밤중에 웬일이냐고 물었더니 하는 말,

"중대장님 그토록 저를 교회 출석하여 예수를 믿으라고 수없이 말씀하셨는데 제가 끝까지 그러지 않았지요. 지금 포항에 왔는데 우리 집 옆에 소망교회 다니는 권사님이 계십니다. 그 권사님에게 전도되어 소망교회에 출석하게 되었습니다."

이 얼마나 반가운 소식인지요! 그 말을 듣는 순간 감격이 되어 목메고 눈물이 왈칵 쏟아져 나왔습니다.

"중대장님, 교회에 출석하니까 너무 즐겁고 행복합니다."라고 말하고 앞으로 열심히 예수를 믿겠다고 하며 진작 교회에 출석하여 예수 믿지 않았던 것이 후회스럽다는 말을 해서 얼마나 기뻤는지 말로는 표현을 할 수 없었습니다.

저는 전화기로 간절히 기도를 했습니다.

하나님 아버지 청년을 구원시켜 주셔서 감사합니다.

지금 여러 가지 어려운 가운데 있사오니 모든 하는 일에 복을 내려 주시옵소서.

이 발걸음이 천국까지 이어지게 하옵소서.

제 평생에 한밤중 그것도 12시가 넘은 시간에 전화로 기도해 준 것은 처음입니다.

얼마나 감격하고 기뻤는지 잠자는 것도 잊어버렸습니다.

오늘 이 시간 청년이 하나님 앞에 돌아온 것을 보니 너무 조급증을 내어 전도하지 않아도 된다는 것, 전도는 내가 하는 것이 아니라 하나님께서 불러 주셔야 한다는 사실을 다시 알게 되었습니다.

늘 강조하는 사항이지만 한 영혼을 끝까지 포기하지 않을 때, 때가 되면 돌아온다는 사실을 믿으시기 바랍니다.

너희가 첫날부터 이제까지 복음을 위한 일에 참여하고 있기 때문이라.
너희 안에서 착한 일을 시작하신 이가 그리스도 예수의 날까지
이루실 줄을 우리는 확신하노라.(빌1;5-6)

경운기 사고로 장애인이 된 청년

인사이동이 되어 현곡면 예비군 면대로 부임을 했습니다.

안강읍 예비군읍대에 비해 1/6정도밖에 되지 않는 작은 면입니다.

하나님의 뜻이 있어서 이곳으로 왔다는 생각을 하고 기도를 하니 마음이 즐겁고 기뻤습니다. 더 열심히 일하며 복음을 전해야겠다는 마음이 불길같이 일어났습니다.

복음을 전할 대상자를 찾기 시작했습니다.

우리 예비군면대에 청년 한 사람이 경운기 사고로 인해 부상을 당해 예비군 훈련을 받을 수 없는 불구가 되었다는 보고를 받고 즉시 그 집을 방문했습니다.

방문한 집을 들어서니 조그마한 방 한 칸에 한 청년이 누워 있었습니다.

집은 초라한 흙집으로 굉장히 낡아 허름하고 방 안에서는 악취가 났습니다.

청년이 일어나서 기어오는데 보니 이게 웬일입니까.

몸은 바싹 야위고 거기다 대소변을 받는 주머니를 옆구리에 차고 있었습니다.

그 광경을 보는 순간 얼마나 안쓰럽고 가엾은 마음이 드는지 바로 간절한 기도를 했습니다.

"하나님 불쌍한 청년을 위로해 주시고 긍휼을 베풀어 주시고 예수 믿고 구원시켜 주시옵소서."

청년에게 인사이동이 되어 온 면대장이라고 소개하고 사고가 어떻게 났느냐고 자초지종을 물어보았습니다.

일을 하고 돌아오다가 경운기가 뒤집혀서 다치게 되었다고 합니다.

예비군 대원으로서 훈련을 받을 수 없는 장애자이기 때문에 특

수 전면역을 위해서 서류를 작성하려고 사진을 찍었습니다.

너무나 불쌍한 마음이 들고 이 청년을 전도해야겠다는 생각이 떠올랐습니다.

"청년, 예수를 믿으면 마음이 즐겁고 기쁘며 이 땅에서 나날이 행복하게 살 수 있습니다. 우리가 사는 이 땅은 잠시 거하는 곳이지만 영원히 거하는 저 천국이 있어요. 예수님은 우리를 구원하시기 위하여 이 땅에 오셔서 우리의 죄를 짊어지시고 십자가 위에서 돌아가셨습니다. 그 예수님을 믿기만 하면 우리의 죄를 용서받아 천국에 갑니다. 앞으로 우리 친하게 지냅시다."

인사하고 돌아왔으나 마음 한구석에서 그를 구원시켜야 한다는 느낌은 계속 강하게 남아 있었습니다.

집안이 어렵고 장애자라 아무것도 할 수 없기에 물질적으로 도와주어야 된다는 생각이 들었습니다.

그 이후부터 훈련을 할 때마다 모금함을 설치하고 성금을 모아 수차에 걸쳐서 전달하고 또 다른 단체들을 통해서 후원받은 물질을 크리스마스, 설날, 추석날 계속해서 찾아가 전달하며 도와주고 격려하면서 전도를 시도했습니다.

그곳에서 근무하는 5년 동안 틈나면 찾아가서 전도하기 위해 위로하고 격려했지만 끝내 예수를 믿지는 않았습니다.

저는 그 이후 인사이동이 되어 다시 고향으로 돌아왔습니다.

고향으로 돌아온 지 6년이 되는 어느 주일날입니다.

간증집회차 수원에 있는 권선교회에 가는 도중 현곡면 금장교회 앞을 지나는데 휠체어를 타고 손을 저으면서 교회 안으로 들어가는 사람을 발견했습니다.

틀림없이 그토록 전도하고자 하던 그 청년이었습니다.

그를 생생히, 똑똑히 보고 알 수 있었습니다. 너무나 즐겁고 기뻤습니다.

그날 당장 그 자리에 차를 세워서 만나고 싶었지만 시간이 너무 촉박하여 월요일에 꼭 만나야지 하고 지나갔습니다.

월요일에 만사를 제치고 집으로 찾아갔는데 마침 청년이 집에 있어 저를 보자마자 눈물을 흘리며 "중대장님" 하고 저한테 안기어서 눈물을 흘리며 울기를 시작했습니다.

저는 그를 얼싸안고 한참을 울었습니다.

"중대장님이 고향으로 가시고 바로 예수를 믿기로 작정하고 금장교회 출석했습니다. 예수를 믿으니 너무 기쁘고 즐거운데 왜 진작 예수를 믿지 않았는지요. 중대장님이 그토록 예수를 믿으라고 권면했는데도 믿지 않았으니 얼마나 후회가 되는지요. 이제 저는 열심히 예수 믿고 열심히 살고 있습니다."

그렇게 말하는데 얼굴에 생기가 돌고 강한 믿음이 느껴지는 사람으로 변화가 되었습니다.

이 일을 계기로 복음의 씨앗을 뿌리면 반드시 열매를 맺는다는 확신을 가졌습니다.

이 청년은 전도의 사명을 감당하는 데 있어 큰 힘이 되었습니다.

그런즉 그들이 믿지 아니하는 이를 어찌 부르리요.
듣지도 못한 이를 어찌 믿으리요. 전파하는 자가 없이 어찌 들으리요.
보내심을 받지 아니하였으면 어찌 전파하리요. 기록된 바 아름답도다.
좋은 소식을 전하는 자들의 발이요 함과 같으니라.(롬10;14-15)

장애인 청년에게 모금 전달

어린자녀 전도로 부모님 전도, 뜻밖의 행운

어린아이 전도로 전 가족 구원

매주 목요일은 봉사단체 등대회가 무료로 반찬을 배달하는 날입니다.

나는 안강읍내에서 17가정을 방문해 배달합니다.

그중 연세 많은 어르신 집을 방문할 때마다 마당에서 어머니와 놀고 있는 아이를 종종 만나게 되었습니다.

하루는 아이를 보는 순간 전도해야겠다는 생각이 들었습니다.

아이가 어머니와 함께 마당에서 놀고 있어서 다가가 "어머님, 아이 이름이 뭐지요." 하고 물었더니 찬욱이라고 했습니다. 먼저 찬욱이를 칭찬했습니다.

"눈이 또룩또룩하고 영리하게 생겼네요. 장래 훌륭한 사람이 되겠습니다."

그리고 어느 유치원에 다니는지 물었더니 안강제일교회 유치원에 다닌다고 합니다.

"찬욱이 어머님, 안강제일교회 유치부에 보내 주시면 제가 매일 아침 교회에 데려가겠습니다."라고 말씀을 드렸습니다. 어머님이 찬욱이를 보며 "너 교회 갈래." 하고 물었더니 "응. 나 교회 다니고 싶어." 하는 대답이 나왔습니다.

나는 그 주부터 주일 아침에 찬욱이와 차를 타고 한 달 정도 교회에 다녔습니다.

시간이 조금 지나서 전도자도 많고 간증도 다니다 보니 너무 바빠져 유치부 선생님에게 찬욱이를 맡겼습니다.

어느 주일 오후에 간증을 가는데 전화가 와서 받아 보았더니 찬욱이 어머님이었습니다.

"어머님, 잘 지내시지요. 무슨 일로 전화하셨습니까." 물었더니 하시는 말씀이, "오늘 찬욱이 교회 못 갔습니다."라는 것입니다. 왜 못 갔느냐 했더니 교회에서 데리러 오지 않았다고 합니다.

"어머니 정말 죄송합니다." 그 전화를 받고 죄송하다고 몇 번이고 사과를 드리고 다음에는 절대로 이런 일이 없도록 단단히 일러두겠다고 말하였습니다.

"이번만 용서해 주십시오. 제가 오늘 저녁 간증 집회를 마치고 꼭 집으로 들르겠습니다."

정중히 사과를 하고 전화를 끊었습니다.

집회를 마치고 돌아오는 길에 빈손으로 갈 수 없어서 마트에 들러 맛있는 과자를 한 보따리 사서 갔더니 사람은 아무도 없고 방문은 열려 있었습니다.

기도를 하고 방바닥에 과자 봉지를 두고 집으로 왔습니다.

그날 저녁 찬욱이 어머님에게 전화가 왔습니다.

빈손으로 와도 되는데 맛있는 과자를 선물로 주셔서 감사하다고 말했습니다.

나중에 만났을 때도 또 감사하다고 몇 번이나 말씀하셨습니다.

그 후 찬욱이 어머님의 마음 문이 열리기 시작했습니다.

시간이 나는 대로 계속 방문하여 기도해 주고 권면을 했습니다.

어느 날 방문했더니 자신도 이제 교회에 다니고 싶다고 고백을 하셔서 이번 주에 교회에 출석하기로 약속을 받았습니다.

주일날 아침 일찍이 방문했더니 교회 갈 준비를 마친 뒤였습니다. 모시고 가서 등록을 하고 예배시간에 전 교인들로부터 환영을 받았습니다. 예배를 마치고 새신자 실에서 사진촬영을 하고 목사님과 면담한 다음 기도를 끝내고 선물을 드렸습니다.

찬욱이 어머님은 불교 신자라 한 번도 교회에 출석한 적이 없는데 성령이 강하게 역사하여 큰 은혜를 받았습니다.

교회에 출석한 지 한 주간이 지났는데 새벽기도회에도 참석하고 밤마다 집에서 기도를 시작하시기에 무슨 기도를 하느냐고 물어보니 남편이 교회에 출석하기를 기도한다고 하셨습니다.

찬욱이 아버지가 유치원에 오셨기에 대화를 해 보니, 옛날에 교회에 출석하다가 그만두었다는 말씀을 하셨습니다.

그 말을 듣고 다시 교회에 출석하시라고 적극적으로 권면해도 이 핑계 저 핑계 대면서 좀체 모시고 갈 수가 없었습니다.

수없이 방문해도 어떤 때는 약속을 했지만 그 이튿날 모시러 가면 또 어디로 가 버리고 어떤 날에는 아예 집에조차 들어오지 않았습니다.

수없이 약속을 어겼지만 끝까지 포기하지 않았습니다.

2009년 12월 말경, 주일날 부인과 늦게 2부 예배에 왔다 갔다는 이야기를 들었습니다. 더 적극적으로 찾아가 전화를 걸었으나 또 약속을 어기고 말았습니다.

12월 마지막 주일날 찾아갔더니 심한 몸살감기로 꼼짝도 못하고 집에 누워 있었습니다.

간절히 기도를 했습니다.

다음 주일 꼭 교회에 출석하자고 약속을 했습니다.

토요일 날 다시 찾아갔는데 몸살감기가 많이 나은 상태였습니다.

음료수를 가지고 가서 간절히 기도를 했습니다.

내일 꼭 출석한다고 다짐을 받았습니다.

2010년 1월 3일 첫 주일, 그는 결국 부인과 함께 출석하였습니다.

새신자 등록을 마치고 손을 잡고 간절히 기도했습니다.

그날 예배에 큰 은혜를 받았습니다.

목사님을 만나서 기도를 받고 기념 촬영도 했습니다.

이제 열심히 신앙생활을 하겠다고 다짐을 했습니다.

하나님 아버지 가족을 구원시켜 주셔서 감사를 드립니다.

전도는 자녀들부터 전도하여 내 자녀같이 사랑할 때 부모님들이 감동을 받아 마음 문을 열고 교회에 출석하여 예수 믿고 구원을 받는다는 것을 다시금 깨달았습니다.

사랑하는 자들아 하나님이 이같이 우리를 사랑하셨은 즉
우리도 서로 사랑하는 것이 마땅하도다.(요한 일서4;11)

아이들 전도하면 부모님도 전도된다

안강 예비군 근무 시절 처음 교회에 출석할 때의 일이었습니다.

우리 읍대에 마음은 착하고 맡은 일은 열심히 하는데 조금 말썽을 부리는 사병이 있었습니다.

전역 후 세월이 흘러 오랜 시간이 지나서 다시 만나게 되었는데 사병시절 때부터 좋아하는 아가씨가 있어 전역 후 결혼하여 쌍둥이를 낳아서 키우게 되었답니다.

결혼 생활을 하다가 부인이 몸이 좋지 않아 아이들을 키울 수가 없어서 쌍둥이 남매를 할머니가 맡아서 양육하고 있었습니다.

그렇게 할머니가 애지중지 잘 양육하여 벌써 세월이 흘러 초등학교 3학년이 되었습니다.

제가 살고 있는 아파트와 500미터 가까운 거리에 살고 있어서 남매를 전도하기 위해서 할머니를 찾아갔습니다.

"할머니, 남매를 교회에 잘 데리고 다닐 테니 교회에 보내 주세요."라고 말씀을 드렸더니 쾌히 승낙을 하셨습니다.

매 주일 아침 8시 30분에 집으로 방문해 승용차에 아이들을 태워 교회 출석하기를 시작했습니다.

추석이나 설, 크리스마스가 되면 조그마한 선물을 싸서 전달하고 평상시에도 먹을 것만 생기면 달려가서 나누어 주고 예쁜 스포츠 타올도 선물로 드리니 할머니 할아버지가 손자들은 물론이고 저한테도 너무나 잘 대해 주었습니다.

어쩌다 방문하면 맛이 있는 과일이나 다과를 먹고 가라고 내어 놓으며 안 먹고 나오려 해도 손을 잡고 집 안으로 끌어 댕기는데 차마 먹지 않고 올 수가 없었습니다.

이런 일이 한두 번이 아니고 여러 번 있었는데 진심으로 대접하려는 소박한 마음이 저를 감동시켰습니다. 이것보다 기분 좋은 일이 어디에 있겠습니까.

그렇게 교회 출석한 지 일 년 정도 시간이 되었습니다.

어느 날 학생 아버지가 저를 찾아와서 사병 시절 때는 자기를 돌보아 주시고 지금은 우리아이들을 돌보아 주셔서 진심으로 감사하다는 말을 하고 정중히 인사를 했습니다.

얼굴을 보니 마음속에서 우러나오는 말임을 알 수 있었습니다.

아이들 아버지는 전도하기 위해서 여러 차례 만나 교회에 출석하라고 설득을 해도 마음문이 열려지지 않았습니다. 정말 고맙다는 말을 하면서도 교회에는 선뜻 출석하지 않았습니다.

그러다 그다음 해 설날 아이들에게 선물도 주고 조금의 용돈도 주었더니 너무나 고맙다고 말하면서 앞으로 교회에 열심히 출석하겠다고 말하여 그 주일 즉시 등록을 하게 되었습니다.

지금은 매 주일마다 열심히 교회에 출석을 하고 있습니다. 아직은 초신자라 신앙의 깊이는 얕으나 열심히 신앙생활을 하려고 노력을 하고 있습니다.

자녀들을 먼저 교회 학교에 전도하여 사랑으로 대할 때 부모님들의 마음을 움직일 수 있습니다. 어른들을 먼저 전도하려고 생각하지 말고 자녀들을 자기 아이와 같은 마음으로 사랑으로 대하고 보살필 때 부모님의 마음을 사로잡을 수가 있습니다.

우리 주위에 교회 출석하지 않는 아이들이 얼마나 많이 있습니까?

제 경우 전도하기 위해서 용기를 내어 부모님을 찾아가서 이렇게 말씀을 드리면 부모님들이 쾌히 승낙을 하십니다.

"저는 안강제일교회 출석하는 권경식 장로입니다. 자녀들을 저에게 맡겨 주십시오. 주일날 잘 데리고 다니겠습니다. 교회 학교 훌륭한 선생님에게 부탁을 드려서 인성 교육을 잘 시키겠습니다. 저도 어린 시절 교회 학교에 열심히 출석해서 어른이 되어 남을 위해서 봉사하는 사람이 되었습니다."

자녀들을 먼저 전도하면 어른들을 전도할 수 있는 기회가 주어집니다.

지금 우리나라 현실을 볼 때 산아제한으로 집집마다 아이들은 한 명 내지 두 명이 있습니다.

아이들이 점점 줄어져 가고 있어 교회 학교 아이들도 점점 줄어져 가고 있는 실정입니다.

교회 학교가 청소년을 전도하지 않으면 우리 교회뿐 아니라 한국 교회의 미래는 없습니다.

신앙이 좋고 열정이 있는 사명감에 투철한 성도님을 교회 학교 교사로 임명해야 되겠습니다.

교회학교 교사의 열정과 땀과 노력으로 교회학교가 부흥 성장 됩니다

교회학교 학생은 우리나라 우리 교회의 꿈이요 희망이요 미래 입니다

교회학교 부흥성장이 없으면 우리교회 다음세대는 없다는 사실을 우리는 깊이 깨닫고 고민할 때가 된 줄로 믿습니다.

교회 학교 교사에게만 사명감이 있는 것이 아니라 전 교인이 교회 학교 교사가 될 때 교회 부흥이 올 줄로 믿습니다.

교회 학교 부흥을 위해서 아무리 강조해도 지나친 말은 아닌 줄 믿습니다.

누구든지 내 이름으로 이런 어린 아이 하나를 영접하면
곧 나를 영접함이요, 누구든지 나를 영접하면 나를 영접함이 아니요
나를 보내신 이를 영접함이니라.(막9;37)

식당 주인 부부

봉사단체를 설립하면서 우리가 자주 가는 식당이 있었습니다.

식당주인께서도 좋은 일 한다며 자신도 회원으로 가입해 반찬 봉사를 하면서 도움을 주어서 가급적이면 그 식당에서 식사를 자주 하게 되었습니다.

젊은 부부가 식당을 운영하는데 어린 딸아이가 있었습니다.

유치원에 다니는데 재롱을 피우고 귀엽게 행동을 합니다.

어느 날 알게 되었는데 안강제일교회 유치부에 다닌다는 것입니다.

그 사실을 알고 어머님을 전도할 마음을 먹었습니다.

식당에 갈 때마다 딸이 교회를 다니는데 어머님도 딸이 다니는 교회에 출석해서 예수를 믿자고 설득을 했습니다.

그때마다 웃으시면서 천천히 나가지요 하면서 귀담아듣지 않았습니다.

어느 날 식당에 갔는데 부부가 같이 있고 시간이 좀 있어서 예수 믿게 된 간증을 하게 되었습니다.

그리고 지금 하고 있는 일과 저의 꿈에 대해서 말씀을 드렸습니다.

부모님들은 교회에 출석하지 않아도 딸에 대해서는 관심을 가지고 있었습니다.

교회에 어린이 경연대회가 있었는데 딸이 입상을 하게 되었습니다.

교회 주보 소식란에 식당집 딸이 경연대회 입상한 것이 실려 있기에 이것을 가지고 가서 보여주면 좋아하리라는 생각이 번쩍 들었습니다.

나는 주보를 정성껏 잘 챙겨서 식당으로 가서 내어 놓으면서야 훌륭한 딸을 두었다고 칭찬을 하면서 앞으로 큰 인물 될 테니 잘 키워야 되겠다고 했습니다. 그 말을 들으니 좋아하는 모습입니다. 딸을 훌륭한 사람 만들려면 어머님이 딸을 데리고 교회에 출석하여 예수 믿고 기도를 해 주어야 한다고 했습니다.

어머님은 얼굴도 이쁘고 마음씨도 아주 착하신 분입니다.

딸이 잘된다고 하는데 싫어할 부모는 이 세상에 없습니다.

이때부터 마음문이 조금씩 열리기 시작했습니다.

어느 날 식당에 식사를 하러 가서 "아버지는 다음에 교회출석 하시고 어머님부터 이번 주에 당장 딸을 위해서 교회출석을 하여 예수를 믿자."고 제안했습니다.

어머님께서는 이번 주부터 교회에 출석하겠다고 확답을 하였고 약속대로 그 주부터 가게 되었습니다.

식당을 하는 관계로 1부 예배를 드렸고 딸과 함께 예수를 믿게 되었습니다.

남편을 전도하기 위해서도 기도도 하고 노력을 했지만 쉽지 않았습니다.

남편과 대화를 해 보니 예수 믿는 사람에게 거부반응이 있었습니다.

자기가 잘 아는 사람이 있었는데 행동이 믿는 사람답지 않더라고 저한데 이야기하고 좀체 마음문이 열리지 않았습니다.

아마 그분을 보고 큰 실망을 한 것이 잊히지 않는 것 같았습니다.

나는 그에게 교회는 사람 보고 믿는 것이 아니라 하나님을 믿는 것이라고 말하고 사람은 나부터 완벽한 사람은 없고 모두가 부족한 사람이며 죄인이라고 말했습니다.

우리가 완벽하고 죄가 없다면 예수 믿을 필요가 없지만 그런 사람은 이 세상에 한 명도 없습니다. 예수님은 이 땅에 의인을 부르러 온 것이 아니고 우리같이 죄지은 죄인을 부르러 왔다고 말씀을 드려도 말의 뜻을 알지 못했습니다.

아직 때가 되지 않았다고 생각하고 기도하면서 때를 기다리기로 했습니다.

예수는 믿지 않지만 나에게는 항상 좋은 말씀을 하시고 호의적으로 대해 주셨습니다.

"장로님은 봉사단체 등대회에도 사비를 내시고 전국 교회에 가서 좋은 말씀을 하시니까 앞으로 모든 일이 잘될 것입니다." 하며 늘 격려하고 칭찬을 아끼지 않았습니다.

남편 본인은 예수를 믿지 않아도 부인과 딸이 교회를 출석하는 것은 적극적으로 도와주었습니다.

주일날은 물론 부인이 세례를 받기 위해서 공부를 하는데 수요일 저녁마다 자동차로 데려다주는 모습을 보았습니다.

부인은 남편의 도움으로 세례공부를 하고 세례를 받게 되었습니다.

한 사람의 영혼을 구원시키는 일은 결코 쉬운 일이 아닙니다.

우리가 하는 모든 것이 전도가 되어야 합니다.

우리 가정 직장 일터 일거수일투족이 전도지가 되어야 합니다.

전도라고 하는 것은 구원의 기쁜 소식을 전하여 내 이웃과 함께 천국 가는 것입니다.

하나님께서는 나만, 우리만 천국 가는 것을 원하지 않으시고 세상에 있는 모든 사람이 천국에 가는 것을 원하십니다.

이 사명을 감당하라고 우리를 불러 주시고 지금까지 생명을 연장해 주신 것입니다.

우리 모두가 사명자임을 깨닫고 영혼을 구원하는 일에 최선을 다할 때 하나님 앞에 서는 날 잘했다 칭찬받는 종 될 것을 진심으로 바랍니다.

내가 달려갈 길과 주 예수께 받은 사명, 곧 하나님의 은혜의 복음을 증언하는 일을 마치려 함에는 나의 생명조차 조금도 귀한 것으로 여기지 아니하노라.(사도행전20;24)

악으로 갚지 말고 선으로 갚아라

우리 봉사 단체 식당을 경영하는 남성회원이 있었습니다.

처음 회원으로 가입했는데 기술도 좋고 모든 일을 헌신적으로 솔선수범함으로 얼마나 감사했는지요. 봉사단체 초장기라 한 사람이 아쉬운 시기인데 이렇게 좋은 분을 만나게 되어 기뻤습니다.

당장 우리 사무실 화장실이 고장이 나서 고치지 못하고 있는데 공구박스를 들고 금방 수리를 해 주기도 하였습니다. 우리 등대회 처음으로 조직을 만들어 회장단과 이사진 직책과 성함을 기록해서 게시판을 제작하여 부착하는 데도 공장에 의뢰하여 금방 끝내 주어 정말 감사한 마음이 들었습니다.

일도 잘하고 성격도 좋은 편이라서 천군만마를 얻은 기분이었습니다.

조금 시간이 흘렀는데 이게 웬일입니까.

술을 너무 좋아하는데 술을 먹으면 아무 말도 듣지 않고 자기 마음대로 이야기하고 땡깡을 놓는 것입니다. 머리가 아프고 어쩌다 이런 사람이 우리 회원으로 왔는지 정말 고민하기 시작했습니다.

사무실에서도 맥주를 서슴없이 먹고 또 술을 사오라 하고 간사님에게도 억지를 피우는데 눈을 뜨고 볼 수가 없었습니다. 견디다 못해 어떻게 하면 회원에서 탈퇴를 시킬까, 제명을 시킬까. 이 생각을 매일같이 하게 되었습니다.

이런 생각을 가지고 기도를 하는데 '악을 악으로 갚지 말고 선으로 갚아라' 하는 생각이 번쩍 들었습니다.

예수님도 원수를 사랑하라고 했는데 나는 장로가 아닌가. 하는 생각이 들어서 그를 위해서 기도하기를 시작했습니다.

기도를 시작한 지 몇 개월이 되었는데 어느 날 그가 사무실에 노트북을 들고 나타났습니다.

물어보니 요즈음 보험회사 직원을 하려고 교육을 받는데 오늘 공부를 하러 왔다는 것입니다.

그런데 얼마나 정중하게 대하고 말도 공손하게 하는지 깜짝 놀랐습니다.

그다음 하는 말, "회장님 지금까지 회장님한테 무례한 행동을 많이 했습니다. 앞으로 절대로 그런 행동을 하지 않고 회장님을 잘 모시겠습니다."라고 하는데 아니 어째서 이런 생각을 하게 되었는가 자세히 물었더니 이런 이야기를 했습니다.

최근 3일 동안 안강읍에서 신앙생활 하시는 분들이 우리 식당에 와서 식사를 했는데 그분들에게 회장님에 대해서 여러가지 질문을 했더니 말씀하시길, 안강읍에서 예비군 읍대장을 25년간 하시면서 선한 일 좋은 일을 너무나 많이 하신 분이고 전도를 열심히 하여 우리나라 전도왕이라며 안강 사람들 모든 분들한테 존경받는 장로님이라고 하셨답니다.

이 말을 듣고 장로가 되려면 어떻게 하면 되냐고 물었더니, 공동의회 세례교인들이 투표를 하여 3분의 2 이상의 찬성이 있어야 장로로 선택되는데 안강제일교회는 큰 교회이기 때문에 그것이 매우 어렵다는 겁니다.

식사하려 오신 분들에게 저에 대한 이야기를 그렇게 자세히 듣고 자신이 지금까지 한 행동이 잘못되었다는 사실을 깨달았답니다.

어떻게 이런 일이 일어났을까요.

그것은 기도를 했기 때문입니다.

기도의 응답입니다.

기도의 승리자는 신앙의 승리자가 되고 신앙의 승리자는 인생의 승리자가 됩니다.

이 진리를 부정하거나 부인하는 사람은 이 지구상에는 없습니다.

이 일이 있은 후 얼마나 열심히 봉사를 하고 저한테 너무나 잘하는지 형 동생 하는 사이가 되었습니다.

그는 2007년도 12월에 교회에 등록을 하게 되었고 3년이 지나서 부인도 함께 등록을 했습니다.

아직 큰 믿음은 없지만 열심히 신앙생활을 하면서 군대에 갔다온 아들을 교회 출석시키려고 기도하고 설득을 하면서 형님도 기도해 주시고 우리 집에 와서 직접 전도해 주십시오 하고 부탁을 받았습니다.

우리 봉사단체 등대회에 회원으로 있다가 열심히 봉사겠다고 하여 상임 부회장이 되어 헌신적으로 봉사하고 노력한 결과 등대회 회장이 되었습니다.

"형님 제가 열심히 봉사하여 등대회를 발전시키고 더 큰 등대회로 만들겠습니다."

인생을 살아가며 자신을 괴롭히고 가시 같은 사람이 왜 없겠습니까.

그러나 그 사람을 끝까지 용서해야 한다는 예수님의 말씀은 우리 모두 가슴에 평생 간직해야 할 말씀인 동시에 행동으로 실천

해야 될 말씀인 줄로 믿습니다.

이와 같이 행함이 없는 믿음은 그 자체가 죽은 것이라.(야고보서3;17)

영혼 없는 몸이 죽은 것같이 행함이 없는 믿음은 죽은 것이니라.

(약3;26)

실수로 얻은 귀한 인연

내가 잘 가는 식당에서 전화가 왔습니다.

식당 이름은 '시골밥상'입니다.

식당 아주머니는 사위가 교회 목사님인데도 불구하고 예수를 믿지 않고 계셨습니다. 직접 찾아가서 교회 출석을 권면했는데도 전혀 생각이 없었습니다. 그래도 여러 번 방문을 하여 다짐을 받아 결국 예수를 믿게 되었습니다.

그 이후부터 저와 아주 친하게 지내며 무엇이든지 호의적으로 저를 대해 주셨습니다.

어느 날 전화가 와서 받아 보니 시골밥상 성도님이었습니다.

"장로님" 하며 하시는 말씀이 교회 가시려고 찾아오신 분이 있어서 전화를 했는데 그분 집을 가르쳐 드릴 테니 식당으로 오라는 것입니다.

전도대상자가 생겼으니 이것보다 더 중요한 일은 없습니다.

하는 일을 접어두고 식당으로 갔습니다. 집 주소를 설명하는데 조금 복잡했습니다.

첫째 골목을 지나서 집 몇 채를 지나서 대문이 있는 집이라고 말씀하셔서 무조건 찾아갔습니다.

집을 들어서서 "주인 계십니까." 했더니 남자 한 분이 나오셨습니다.

"안녕하십니까." 인사를 하고 "교회 출석을 하신다고 하여 왔습니다. 이번 주에 교회 출석하시지요." 했더니 그렇다고 합니다.

"그러면 이번 주에 제가 모시러 올 테니 가만히 집에 계십시오." 했더니 그렇게 하기로 했습니다.

'오늘 전도 참으로 쉽게 되었다. 천하보다 귀한 한 생명을 구원했으니!'

신나게 집으로 돌아왔습니다.

토요일이 되었는데 시골밥상 성도님에게서 전화가 왔습니다.

처음 하는 소리가,

"장로님, 교회 가신다고 하신 분 집에 가시라고 주소까지 가르쳐 주었는데 왜 가시지 않으셨나요. 지금 교회 가실 분이 식당에 와서 기다리고 있으니 빨리 오세요." 하는 것입니다.

'이게 무슨 소리냐? 집을 방문하여 주일날 모시러 가기로 약속까지 했는데 무슨 뚱딴지같은 소리일까?'

허겁지겁 식당으로 달려가 보니 전혀 알지 못하는 분이 계신 것이 아닙니까?

그날 가르쳐 준 집으로 가서 전도를 해 놓았는데 다른 분이라

깜짝 놀랐습니다.

어떻게 된 영문인가 생각해 보니, 내가 주소를 잘못 알고 엉뚱한 집으로 간 것입니다.

잘못 찾아갔어도 집주인이 교회 갈 일이 없다고 했으면 이런 일이 생기지 않았을 텐데 그분이 교회에 간다고 했기 때문에 조금도 의심하지 않고 약속을 받았던 것입니다.

참으로 놀라운 일이 일어났습니다.

집을 잘못 찾아가서 두 명을 한꺼번에 전도를 하게 되었으니 전적인 하나님 은혜였습니다.

주일날 두 분의 집을 방문하여 승용차로 교회에 모시고 가서 등록을 시켰습니다.

전도를 시작한 지 20년 가까이 되었는데 한꺼번에 두 명이 그것도 자신의 발로 찾아왔으니!

분명 하나님의 은혜라는 사실을 알게 되었습니다.

지금까지 한 사람을 전도하려면 수십 번 수백 번을 찾아가도 안 되는 일이 얼마나 많이 있었습니까.

그런데 노력도 없이 두 명이 한꺼번에 전도되었으니 생각할수록 하나님의 은혜가 크다는 사실에 감사를 드립니다.

지금까지 수많은 영혼을 구원하려 다녔지만 그날만큼 쉽게 전도가 된 사실은 없었습니다.

두 분 중 한 분은 저보다 연세가 많고 한 분은 저보다 나이가 아래였습니다.

그래서 연세가 많은 분은 형님으로 모시기로 하고 나이가 적은 분은 동생같이 지내게 되었습니다.

그 후 시간이 나는 대로 찾아가서 기도도 해 주고 애로사항도 들어 주고 힘과 용기를 내어서 신앙생활을 잘할 수 있도록 멘토 역할을 하게 되었습니다.

전도하는 일도 중요하지만 전도 후 양육 과정을 잘 해내야 알곡 신자가 됩니다.

알곡 신자가 될 때까지는 늘 관심을 가지고 돌보아야 합니다.

저도 지금까지 수많은 영혼을 전도했지만 양육 과정 미숙으로 낙심된 자가 많이 있었습니다.

양육교사를 많이 배출하여 새 신자가 등록하는 주부터 양육에 최선을 다해야 합니다.

새 신자 심방은 그 주간에 반드시 이루어져야 합니다.

그리하여 전도자, 양육교사, 구역권찰 담당교구 목사님이 새 신자에 대한 관심을 가질 때, 비로소 새 신자가 알곡 신자로 만들어져 훌륭한 그리스도인이 되어 세상에서 빛과 소금의 역할을 담당하고 하늘나라가 확장될 것을 확신합니다.

너희는 가서 모든 민족을 제자로 삼아 아버지와 아들과 성령의 이름으로
세례를 베풀고 내가 너희에게 분부한 모든 것을 가르쳐 지키게 하라.
볼지어다. 내가 세상 끝나는 날까지 너희와 항상 함께 있으리라 하시니라.
(마28;19-20)

발바닥 전도왕의
살아있는 전도사례집

Chapter 5 ——————— # 담장을 넘는
크리스천

　담장을 넘는 크리스천은 교회 밖 세상 속으로 들어가서 믿지 않는 사람들과 함께 웃고 우는 성도가 되어야 합니다.

　오늘날 성도님들의 대다수는 교회 안에서는 사명을 잘 감당하려고 노력하고 땀을 흘리면서 헌신합니다.

　그러나 교회 밖 세상 속으로 들어가서 지역민들과 함께 울고 웃는 삶이 너무나 부족하기 때문에 복음이 세상 속으로 들어가지 못하고 있습니다. 나만 예수 믿고 천국 가면 된다는 생각하는 성도님은 아주 극소수입니다. 하지만 복음을 전하고 전도해야 된다는 것은 알면서도 행동으로 실천하는 성도님 역시 극소수에 불과합니다.

　이제 우리 모두는 눈을 돌려 교회 안에서 하는 일도 중요하지만 교회 밖 세상 속으로 들어가서 지역민들을 전도하는 일 또한 중요하다는 것을 잊어서는 안 됩니다. 함께 천국의 길을 밟기 위해서는 절실한 노력이 필요합니다.

　이를 위해서는 내어 주는 교회, 내어 주는 성도의 법을 배워야 합니다.

　하나님 경제에서는 가장 많이 내어 보내는 교회가 가장 많이 얻기 때문입니다.

내어 주는 교회라는 개념에는 박수를 보내면서 막상 그런 교회의 성도가 되는 걸 거부하는 이유는 무엇일까요.

저는 반쪽짜리 복음이 하나의 이유라고 생각합니다.

나는 복음을 잘 안다, 남도 가르칠 수 있고 설득력도 있다. 그렇게 생각하지만 거진 머리의 지식에만 머물러 있는 탓입니다.

우리 같은 죄인을 왕으로 아들로 딸로 삼아 주신 말도 안 되는 은혜를 온전히 이해하기란 쉽지 않습니다.

예수님이 나를 위해서 피 흘려 죽으시고 나의 죄를 대속해 주신 은혜를 진심으로 받아들이고 이해한다면 내가 받은 사랑과 내게 도움을 주는 사람들, 내게 주어진 물질을 움켜쥐고만 있을 수 없습니다.

모든 성도님은 세상 속으로 보내어져 하느님의 뜻을 전파하기 위한 부르심을 받았습니다.

사역의 최전선인 교회담장 너머로 각자의 사업과 일의 현장 속에서 복음을 전파하여야 한다는 사실을 이해해야 합니다.

하나님 앞에 섰을 때 성공 기준은 주말에 우리교회 건물에 얼마나 많은 사람을 채워 넣었느냐가 아님을 알아야 합니다. 교회 건물을 떠나서 무엇을 했느냐에 따라 평가를 받을 것입니다.

교회의 본질은 전도와 선교, 구제하는 것입니다.

구제는 내어 주는 교회라야 할 수 있습니다.

지금도 우리 지역 사회에는 헐벗고 병들고 굶주리고 연약한 소외된 자들이 너무나 많습니다.

왜 구제를 하는가?

교회가 구호 기간도 아닌데.

구제를 통해서 복음이 들어가기 때문입니다.

구제를 받은 소외계층들은 감동을 받고 고마움과 감사함을 느낄 때 복음을 받아들입니다.

이제 우리 교회나 성도님들 모두가 예산을 아끼고 절약하여 구제하는 일에 최선을 다할 때 한국 교회 제2의 부흥의 불길이 일어날 줄로 믿습니다.

지역사회가 복음화 될 때 대한민국이 복음화 될 줄로 믿습니다.

꿈을 가지고 사랑으로 인내로 하나님이 우리에게 주신 사명을 감당합시다.

사랑,

사랑은 나눔입니다. 사랑은 인내입니다.

사랑은 행동입니다. 사랑은 관심입니다.

오늘도 눈물짓는 이웃이 있습니다.

그들의 필요를 채워 주는 것이 사랑입니다.

따뜻한 위로 한마디 정성스런 도움의 손길이

한 영혼을 구원할 수 있습니다.

인내,

너희에게 인내가 필요함은 너희가 하나님의 뜻을 행한 후에 약속
을 받기 위함이라.(히 10;36)

프랑스 속담에 '기다림 그것이 바로 인생'이란 말이 있습니다.

모든 성취 모든 성공 모든 아름다운 결과는 인내의 열매입니다.

인내하는 자만이 꿈을 성취합니다.

인내하는 자만이 아름다운 사랑의 열매를 맺습니다.

바울은 사랑은 언제나 오래 참고 모든 것을 견디는 것이라고 말
했습니다.

사람에 대해 오래 참고 환경에 대해 오래 견디는 것이 사랑입
니다.

꿈,

그리스도인은 꿈을 가진 사람입니다.

그리스도인은 하늘의 소망을 가진 사람입니다.

그리스도인은 어떤 시련에도 절망하지 않습니다.

하늘의 소망을 품은 사람은 보통사람보다 다른 가치관을 갖고 삽
니다.

택함받은 당신, 당신은 성도입니다.

발바닥 전도왕의
살아있는 전도사례집

Chapter 6 —————— 관계 전도
방법 및 원칙

1. 관계란?

다른 사람과 더불어 살 줄 알고, 격려하며, 세워 주며, 용납하며 살아가는 능력이다.

- 사람은 관계로 이루어져 있다.
- 대인 관계가 좋은 사람이 성공한다.
- 대인 관계가 좋은 사람이 전도를 잘한다.

대인 관계를 잘 이루어 나가려면,
- 다른 사람의 장점을 말해 준다.
- 용서의 사람, 관용의 사람이 되어야 한다.
- 다른 사람과 잘 어울려야 한다.

-사람과는 주어야 관계가 열리고
하나님과는 받아야 관계가 열린다

2. 전도 대상자를 찾는 방법 및 행동 절차

- 나와 관계가 있는 사람을 전도 대상자로 삼는다.
- 휴대폰 안에 등록되어 있는 사람 중에서 찾는다.
- 태신자 전도 초청카드를 활용한다.

(태신자란? : 구원을 목적으로 전도자가 마음에 잉태한 잠재적인 신자를 가리킨다. 즉, 일종
의 '전도 대상자'를 말한다.)

- 전도 대상자를 수첩에 기록한다.
- 전도 대상자를 몇 차례 만나면서, 최종 전도 대상자를 확정
  한다.(전도될 사람, 전도하기에 애매모호한 사람, 전도 안 될 사람)
- 전도 목표를 정하여 선포한다.(올해 10명, 20명, ...100명)

〈선포합니다〉

나는 우리 교회 부흥성장을 위해서 목숨 걸고 전도하기로 선포
합니다. ○○○명 전도를 0월 0일까지 달성할 것을 목사님과 성도
님들 앞에 약속을 드립니다.

〈전도 목표 부착〉

성경책 앞장, 책상 위, 주방 등에 전도목표를 부착한다.

전도 목표: 5명

전도자 이름: 홍길동, 이갑돌, 김갑순, 이순자, 손무웅

기간: 6월 30일까지(언제까지 전도할 기간을 명시한다)

(반드시 자필로 기록한다.)

"나는 전도할 수 있다" 전도 목표를 3번 이상 선포한다.

하루 2번 중보 기도를 한다.

3. 전도의 원칙

"불신자를 감동시키라." (마음문을 열게 한다)

- 전도자는 모범되고 빛 된 삶을 살아야 한다. (삶으로 전도한다)
- 작은 선물을 자주 준다. (입학, 합격, 승진, 생일, 크리스마스, 부활절 등등에 꽃
  이나 카드, 양말, 교회 선물 등)
- 관심을 가지고 있음을 나타낸다. (전화메시지, 식사, 대접, 주 1회 방문 등)
- 칭찬, 친절, 위로, 격려, 배려한다. (특히 자녀들을 위해)
- 구제 활동을 한다. (독거노인, 장애인, 소년소녀가장들 등)
- 담대함이 있어야 한다. ("우리 교회 나오세요." "저와 함께 신앙생활 해요."
  "신앙 생활하면 행복합니다.")
- 끈기와 인내를 가지고 절대 포기하지 말아야 한다. (100번 찾아
  가고, 500번 전화하고, 1000번 기도한다.)
- 선행이 가장 강력한 전도 방법이다.
- 어렵고, 괴롭고, 불행한 일을 당한 사람들을 적극적으로 도
  와주고 전도 기회로 삼아야 한다. (불신자의 아픔을 함께하여야 한다.)

관계 전도 방법 및 원칙　　　214 | 215

4. 전도자로서의 자세와 행동을 실천한다

- 남을 위해 사는 인생이 가장 값어치 있는 인생이다.
- 가장 값어치 있는 성도는 전도하는 성도이다.
- 헌신, 헌신, 헌신 중에 최고의 헌신이 전도다.
- 사랑, 사랑, 사랑 중에 최고의 사랑이 전도다.
- 전도는 최고의 축복이다.

5. 복음의 씨앗을 뿌려야 한다

눈물을 흘리며 씨를 뿌리는 자는 기쁨으로 거두리로다. 울면서 씨를 뿌리러 나가는 자는 반드시 기쁨으로 그 곡식 단을 가지고 돌아오리로다.(시 126:5~6)

- 영혼 구원을 위한 열정이 눈물을 만들고, 눈물이 열정을 만든다.
- 복음의 씨앗을 뿌리면, 반드시 열매를 맺는다.
- 오늘 내가 전도한 한 사람은 7명 이상의 다른 사람에게 복음을 전해 드렸다.

6. 왜 전도가 잘 되지 않을까?

- 소명의식과 사명감에 불타지 않았다.
- 성령의 능력에 의지하지 않고 사람의 힘으로 하려고 했다.
- "나는 전도할 수 없어." 부정적 의식에 사로잡혀 있었다.
- 성공의 제1의 비결은 할 수 있다는 자신감이다.
- 나는 전도할 수 있다. 나도 전도할 수 있다. 내가 전도할 수 있다.

7. 전도할 생각만 하고 실천에 옮기지 않는다면 아무런 쓸모가 없다!

전도 나가면 있고 안 나가면 없다.
전도 말하면 있고 말 안 하면 없다.
전도 찾으면 있고 안 찾으면 없다.
전도 만나면 있고 안 만나면 국물도 없다.

하면 된다 할 수 있다 해 보자!
나가자 만나자 전하자!

세상에는 해 보고 실패하는 사람보다 해 보지 않고 실패하는 사람이 훨씬 많다.

무엇을 할려고 하는 사람은 방법을 찾아내고 아무것도 하기 싫어하는 사람은 구실을 찾아낸다.

전도의 방법을 찾아 죽어가는 수많은 영혼을 주님께로 인도하여 교회를 부흥시키는 주인공 되어서 하늘나라 큰 상금 받는 성도님들 되시길 바랍니다.

불신자를 위해서 아낌없이 베풀자!

창자가 끊어지는 아픔으로 전도하자!

8. 전도 시 유의 사항

- 처음 만난 사람은 친숙해질 때까지 기다려야 한다.
- 항상 만날 때마다 칭찬하고 장점을 말하고 가문의 좋은 점을 말해 준다.
- 이야기를 진지하게 끝까지 잘 들어 준다.
- 무엇을 도와드릴까요? (유익을 주어야 한다.)
- 자녀들은 훌륭한 사람이 된다고 칭찬하며 이름을 기억하고 방문할 때마다 부른다.
- 간단한 간증도 들려준다.
- 예수님, 목사님, 교회 성도 자랑하고 좋은 소문을 들려준다.

금주 전도실천사항

성경암송 암송구절	눈물을 흘리며 씨를 뿌리는 자는 기쁨으로 거두리로다. 울면서 씨를 뿌리려 나아가는 자는 반드시 기쁨으로 곡식단을 가지고 돌아오리로다. (시편 126;5–6)
명언/금언	도전하는 사람만이 성공할 수 있다. 실패는 있어도 포기는 없다. 포기하지 않는 것이 믿음이다. 백 가지 기술이 있어도 성실만 못하고 천 가지 생각이 있어도 한 번의 행동만 못하다. 실패하는 것은 용서를 받을 수 있지만 시도조차 않는 것은 용 서를 받을 수 없다. 나는 내 삶에 한계는 없다고 믿는다(나는 날마다 도전한다).
기도제목	전 교인 모두가 한 사람이 다섯명 작정하여 세명 이상 전도할 수 있도록 도와주시옵소서(153전도). 전도 목표와 대상자 이름을 부르며 중보기도하자.
전도자 (만날 사람)	월 : 화 : 수 : 목 : 금 : 토 :
낙심자 위로자	

| 꼭 실천해야
할 사항 | 날마다 한 사람에게 복음을 전하자.
3주만 하루 한 사람에게 복음을 전하면 새로운 습관이 자리 잡는다.
전도 목표와 대상자를 정해 놓고 전도한다. |

활용법

1. 교회에서 매주 제작하여 교인들에게 한 장씩 나누어 준다.
2. 성도님들은 전도 계획을 월~토요일까지 세우고 하루 한 명씩 기록하여 휴대하고 전도한다.

태신자 전도 작성 카드

작정 대상자 적정 대상자		대상자 이름	인원
가족 및 친척	조부모, 부모, 남편, 아내 자녀		
	본가, 외가 식구, 형제, 사돈댁, 고모댁, 이모댁		

이웃	집주인 세입자 앞집,옆집, 뒷집, 지역유지 자녀친구 부모, 배달원, 청소부, 방문교 사, 반상회회원		
지역	세탁소, 부동산, 관리사 무소, 학원, 미장원, 이 발소, 슈퍼, 경로당 동사무소, 파출소, 병원, 약국, 학부모회, 은행, 학교, 목욕탕		
친분관계	친구, 동창생, 선후배, 동향사람		
	낙심자, 교회 장기결석 자, 구역원 가족 및 친구		
직장생업	직장동료, 회장, 사장, 직장 상사		
	부하직원, 운전기사, 수 위, 단골, 거래처직원		

기타	택시기사, 버스기사	
	취미그룹(에어로빅, 헬스, 수영장, 친목단체 등)	

전도실천사항 : 전도 목표를 벽 또는 성경책에 부착한다.

전도 대상자를 위해 매일 2번씩 기도한다.(아침 저녁)

전도자를 만날 때마다 전도수첩에 메모한다.

물질, 시간, 기도를 투자한다.

전날(토요일) 전도 약속한 사람을 만나고 주일날 함께 출석한다.

전도성공비결 : 하나님의 약속을 믿어야 한다.

나도 전도할 수 있다는 자신감을 가져야 한다.

절대로 도중에 포기하거나 낙심하지 말아야 한다.

죽기로 각오하고 최선을 다한다.

기뻐하고 감사하는 마음을 가져야 한다.

긍정적인 말, 사랑의 말, 희망적인 말, 용기의 말, 위로의 말, 격려의 말, 믿음의 말을 한다.

좋은 이웃 되기를 위한 실천카드

좋은 이웃 되기를 위한 실천 카드	
성명:	구역:

실천 항목

1. 가족 중에서 불신 식구에게 따뜻한 친절 베풀기 ( )

2. 자녀 친구들 초청하여 식사 대접하고 그 부모님 사귀기 ( )

3. 배우자 직장 동료 또는 친구 초청하여 식사 대접하기 ( )

4. 옛 친구(동창)에게 전화하여 안부 묻기 ( )

5. 옛 친구(동창)와 함께 다과 및 식사하기 ( )

6. 가족 중 불신 식구 결혼기념일, 생일 축하하기 ( )

7. 친척 안부 전화하기 ( )

8. 이웃집 방문하기 ( )

9. 이웃집과 음식 나누기 ( )

10. 세 든 사람(혹은 주인)과 음식 나누기 ( )

11. 반상회원 초대하기 ( )

12. 관계된 친목 단체 회원 결혼기념일, 생일 알기 ( )

13. 가족, 친척, 이웃의 경조사 참석 축하, 위로하기 ( )

14. 가족, 친척, 이웃을 위한 기도하기 ( )

15. 생활 속에서 만나는 이웃(신문배달원, 집배원, 우유배달원, 거래 상점주인, 은행원, 화장품 판매원)에게 따뜻한 인사하기 ( )

16. 생활 속에서 만나는 이웃을 위해 기도하기 ( )

17. 아는 불신 이웃, 친척, 친구, 동료에게 신앙서적, 교회주보, 설교 테이프 등을 선
물하기 ( )

18. 교회로 초청하기 ( )

18. 기타 실천 사항 ＿＿＿＿＿＿＿＿

품어 보자 태신자! 낳아 보자 천국백성!

태신자 전도 주일을 성령 하나님께서 주관하소서!

10명의 태신자를 작정하게 하소서!

○○○ 태신자로 우리 교회가 부흥하게 하소서!

모든 성도들이 한마음 되게 하소서!

발바닥 전도 7계명

1. 전도 대상자를 정해 놓고 기도하자.
2. 관심을 가지고 접근 기회를 포착하자.(선물, 칭찬, 친절, 전화메세지, 식
사대접)
3. 거절을 두려워하지 말고 설득하자.
4. 마음을 열면 그 자리에서 출석을 다짐받자.(출석 날짜를 정해 주고
달력에 표시한다)
5. 불신자 집을 방문하여 함께 교회에 간다.
6. 전도자 주변 사람도 공략한다.
7. 산삼 전도법을 적용한다.

〈산삼 전도법이란?〉

산삼 한 뿌리를 발견하는 데는 많은 시간이 걸리고 힘이 들지만 일단 한 뿌리를 발견하면 그 주위에 있는 산삼을 또 발견하게 되어 2뿌리, 3뿌리, 5뿌리 여러 산삼을 캐어낼 수 있다. 이와 마찬가지로 새신자 한 사람을 전도하게 되면 그 주위의 친인척, 선후배, 동료, 주위 사람들을 또 소개받게 되므로 그들도 전도 대상자로 삼아서 전도하는 방법이다.

전도 권유 방법 예문

- 이렇게 전도하면 반드시 전도된다!

예문 1: "선배님 식당의 음식 맛이 좋고 가격이 저렴하고 친절하다고 목사님께 말씀 드렸더니 꼭 한번 교회에 모시고 오라고 말씀하셨습니다. 선배님 저희 교회 나갑시다."

예문 2 : "형수님이 노인들을 위해서 전심으로 헌신적으로 봉사하는 모습을 보고 목사님에게 말씀드렸더니 요즈음 '남을 위해서 헌신하는 봉사자가 흔하지 않은데' 하시며 꼭 한 번 교회로 모시고 오라고 말씀하셨습니다. 형수님 저희 교회 나갑시다."

예문 3 : (교회 출석하겠다고 확답받은 불신자 전도법) "교회 출석하겠다고 목
　　　　 사님에게 말씀을 드렸는데 형님이 출석하지 않으면 장
　　　　 로가 목사님에게 거짓말쟁이가 됩니다." "집안에 급한
　　　　 일이 있어서 이번 주에 출석하지 못했다고 말씀을 드
　　　　 렸더니 다음 주에 꼭 모시고 오라고 말씀하셨습니다.
　　　　 이번 주는 꼭 출석해야 제가 거짓말쟁이가 되지 않습
　　　　 니다."

어떻게 관계를 맺고 전도할 것인가?

1. 기도로 태신자를 마음에 품으십시오.
2. 교회에 태신자 명단을 제출하십시오.
3. 매일 그의 이름을 부르며 기도하십시오.
4. 전도하고자 하는 가정 식구들에게 각별한 관심을 가지십시오.
5. 상대방의 신앙배경과 기독교에 대한 태도를 이해하고 받아주
   십시오.
6. 교인 확보가 아닌 그 영혼을 사랑하는 심정으로 만나십시오.
7. 그에게 지속적으로 좋은 이웃이 되어 주십시오.
8. 초청장을 전달하고, 더불어 교회 여러 행사에 초청하십시오.
9. 실패했더라도 포기하지 말고 계속 기도하여 다음 기회를 가지
   십시오.

전도자가 받을 축복

첫째. 인격이 성숙해진다. / 인생의 운명이 달라진다.(한 사람을 전도
   하기 위하여 내가 할 수 있는 모든 것을 쏟아부어야 한다)

둘째. 신뢰, 존경, 인정을 받는 사람이 된다.(선한 사람 착한 사람 소문이
   나면 출세길이 열린다)

셋째. 꿈이 생기고 비전이 생긴다.

넷째. 열정이 생긴다.(열정이 생기면 어떤 일을 해도 성공한다. 하나님은 열정을 가진
   사람을 사용하신다)

다섯째. 긍정적인 사람이 된다.(믿음의 말을 하게 된다. - 하면 된다 할 수 있다
   해 보자! 긍정적인 사람이 되면 성공의 문턱에 서 있다)

여섯째. 건강의 축복을 받는다.(계속해서 움직이기 때문이다. 병도 고쳐 주
   신다.-말라기4;2절 말씀대로 된다!)

일곱째, 물질의 축복, 자녀의 축복을 받는다.

여덟째, 기도 응답을 즉각 받는다.

아홉째. 영이 강해진다.

열째, 천국스타가 되어 영원토록 쓰임받는다.

전도왕 되는 비결

1) 감사

2) 인생비전목표

3) 기도

4) 해산의 고통을 마다하지 않는다

5) 자랑하기 (예수님, 목사님, 교회, 성도)

6) 훈련

7) 겸손

8) 관계

9) 연구와 모방

10) 하루 한 영혼 전도

포스트 코로나 시대
전도에 임하는 자세와 각오

우리나라를 비롯하여 전 세계가 코로나 바이러스 감염증(코로나 19)으로 인하여 수많은 사람들의 생명이 빼앗기고 환자가 발생하여 고통을 받고 있습니다.

사람들이 모이는 단체 행동은 모두가 취소되고 마비가 되어 스포츠 행사도 무관중 가운데 경기를 하고 있습니다.

교회도 참석하지 못하고 온라인 예배를 드리기도 하며 사람들의 활동이 하루아침에 위축되어 집안에서 활동을 하고 사람들 간 거리두기를 하는 상황입니다.

그래도 다행인 것은 교회는 주일예배를 재개하여 마스크를 끼고 거리두기를 실시하며 기본수칙을 준수하면서 편안히 앉아서 예배를 드리게 되었다는 것입니다.

코로나19 때문에 가장 타격을 많이 받은 분들은 자영업을 하고 있는 영세 상인들입니다.

또 하루하루 막노동으로 생계를 이어가는 사람들 역시 일자리가 없어서 생계가 막막하여 한숨을 쉬며 절망에 빠져서 힘들게 버티며 앞으로 살아갈 날이 꿈만 같다고 하는데 이 말을 듣고 정말 가슴이 아팠습니다.

사람들의 일상생활이 제한을 받고 교회도 모든 사역이 중지되었습니다.

초대 교회 기독교 역사를 살펴보면 핍박과 고난과 수난의 역사임을 알 수 있습니다.

초대 교회 예수님의 제자들이 핍박과 환난과 고난 가운데서도 순교를 각오하고 복음을 전했기에 지금 기독교 역사가 여기까지 오게 되었고 우리 모두가 예수를 믿고 구원을 받게 되었음에 하나님께 감사와 영광을 돌립니다.

교회는 모든 사역이 다 중지되는 상황이라도 초대 교회 정신을 이어받아 복음을 전하고 전도하는 사역은 중단이 있을 수 없다는 사실을 똑똑히 알아야 합니다.

예수님께서 우리에게 당부하신 말씀은 땅끝까지 복음을 전하라는 지상명령이며 이는 우리에게 주신 사명입니다.

교회와 신자가 존재하는 유일한 이유는 영혼 구원입니다.

지금 우리 주위에는 힘겹고 어렵게 살아가는 이웃들이 코로나19로 인하여 더 많이 발생하고 있다는 사실을 기억해야 합니다. 이럴 때일수록 우리가 더욱 정신을 차려서 단결하고 힘을 모아 이들을 돕는 데 최선을 다하며 이로 인해 코로나19 이전보다 더 많은 영혼을 구원할 수 있는 좋은 기회가 될 줄로 믿습니다.

위기가 기회라고 했습니다.

영혼 구원의 출발은 환대입니다.

환대 즉 정성을 다해 섬기고 대접하는 곳에서 항상 생명의 역사가 일어난다는 것입니다.

성경에 나오는 환대하는 사람은 모두가 축복을 받았습니다.

먼저 아브라함의 환대입니다.

아브라함은 지나가는 천사를 극진히 섬겼고(창18;1-8) 그 자리에서 아들을 얻는 역사가 일어납니다(창18;10).

둘째, 롯은 지나가는 천사를 환대합니다. 그 결과 생명을 보호받습니다(창19;15).

셋째, 기생 라합의 환대(수2;6)로 인해 라합의 온 가족이 구원을 받습니다.

넷째, 수넴 여인 역시 환대로(왕하4;8-10) 아들을 얻습니다.

다섯째, 마리아와 마라다의 환대입니다(눅10;38-39). 훗날 예수님이 죽은 오빠 나사로를 살려 주십니다.

환대와 생명의 역사는 항상 함께 간다는 사실을 잊어서는 안 됩니다.

움츠러드는 시대, 성도님들이 기지개를 활짝 펴고 우리 이웃에 있는 사람들을 사랑으로 섬기는 것을 실천하며 우리가 가지고 있는 것을 내어 놓고 도움을 주며 아픔을 같이함으로써 사람들의 마음 문이 활짝 열려 복음을 받아들이고 수많은 영혼이 전도가 되어서 교회마다 부흥의 불길이 일어날 줄로 믿습니다.

전염병 시대에는 타인을 두려워하기 쉽습니다.

하지만 이때가 진짜 예수그리스도의 사람들을 가장 필요로 하는 때입니다.

선교사 설문 조사의 답변 중 의외에 결과가 있었습니다.

코로나19 사태가 선교에 미치는 영향은 어떠한가? 라는 질문에, 선교사들은 오히려 사역의 기회가 열렸다고 대답했습니다. 그렇습니다.

지금이 일할 수 있는 기회이기도 한 것입니다.

이제 우리가 교회본질로 돌아가서 전도하고 선교하고 구제하는 일에 집중할 때라고 믿습니다.

생명은 유연하게 움직이는 법입니다.

어떤 장벽이든 틈새가 있는데 생명이 있는 자는 그 길을 보게 되어 있습니다.

복음의 능력은 사람도 제도도 전염병도 막을 수 없습니다.

전시체제일수록 창조적 소수로 인해 복음의 영토는 확장되고 하나님의 나라는 이루어지는 것입니다.

코로나19 때문에 상황이 어려울수록 본질에 집중합시다.

천하보다 귀한 생명을 구원하는 복음을 전하고 전도할 때 하나님께서는 반드시 코로나19를 소멸시켜 거두어 주시고 예수 그리스도의 넘치는 생명을 열방 끝까지 나아가도록 하여 그의 나라를 세울 것입니다.

발바닥 전도왕의
살아있는 전도사례집

부록

교도소에도 희망은 있다

교도소에 보낸 격려의 편지

H에게

무더운 여름 날씨 고생이 많구나.

자네가 교통사고를 내어서 몸이 불편한 줄로만 알고 있다가 우연히 집으로 전화를 걸어 보니 경주 교도소에 있다는 소식을 들었네. 집에서도 어머님 형들이 자네 문제 때문에 많이 신경을 쓰고 있네.

교통사고로 구속되었으니 다른 죄수들과는 다른 줄로 믿네.

너무 상심하지 말고 마음을 굳게 먹고 조금만 기다리게. 인생을 살아가면 이것보다 더 큰일을 맞을 때가 많이 있네.

이번 교통사고는 자네가 인생을 살아가는 데 아주 좋은 공부를 한 걸로 생각하면 좋겠네.

성경에는 이런 말이 쓰여 있네.

1. 여러 가지 시험을 당하거든 온전히 기뻐하라.

2. 담대한 사람은 불운과 맞서 살아남는다. 겁 많고 야비한 자는 공포만으로도 절망에 굴복한다.

3. 운명은 항상 너를 위하여 보다 더 훌륭한 성공을 준비하고 있는 법이다. 그러므로 오늘 실패한 사람이 내일에 가서는 성공

하는 법이다.

4. 불행을 불행으로 끝맺는 사람은 지혜 없는 사람이다. 불행 앞
    에 우는 사람이 되지 말고 불행을 출발점으로 이용할 수 있는
    사람이 되라.

이 말씀을 읽고 희망과 용기를 가지기 바라네.

H 자네가 석방되기를 날마다 기도하고 있네.

이번 일을 자신을 되돌아보고 반성하는 기회로 삼고 앞으로 더
큰 꿈과 비전을 가지는 기회로 삼기 바라네.

제일 중요한 것이 건강일세. 항상 건강에 유의하기 바라네.

가까운 시일 내에 시간을 내어서 면회 가려고 하네.

그때 만나기로 약속하네. 오늘은 이만 줄이겠네.

하나님의 은총이 함께하기를 기도드립니다.

1999년 8월 11일
안강읍대장 권경식 올림

L에게

주님의 이름으로 문안드립니다.

자네가 보낸 편지는 잘 받아 보았네.

편지를 받는 즉시 편지를 쓰려고 했으나 마음이 내키지 않고 원망스러움이 앞섰네.

지금 와서 생각해 보니 정말 미안하네. 진심으로 미안하게 생각하네. 용서하기 바라네.

사람이 살아가는 데 항상 좋은 일만 있는 것이 아니라 어려운 일이 생기고 나쁜 일이 생길 수 있네.

그때마다 우리는 하나님을 붙들고 기도할 때 바른길을 갈 수 있네.

나도 지난봄 많은 어려움을 겪었네.

중대본부에도 시련이 닥치고 나 자신의 몸에도 병이 나서 마침내 병원에 입원해서 쓸개를 잘라내는 대수술을 받았네.

다행히 수술이 잘되어 2주 만에 퇴원하여 1개월 쉰 다음 이제는 완전히 회복되어 열심히 근무하며 복음을 전하고 있네.

내가 모든 시험과 어려움을 이길 수 있었던 힘은 끝까지 하나님께 기도하고 전능하신 하나님을 의지하고 붙들고 매달렸기에 생긴 것이라네. 그리하여 마침내 모든 문제를 해결하게 되었네.

하나님은 전능하신 분이고 우리의 마음을 감찰하시고 모든 것을 주관하시는 살아계시는 하나님 아버지일세.

지금 이 시간부터 거짓된 생각이나 헛된 생각을 버리고 진실된 마음으로 하나님 앞에 참회 기도를 드리기를 진심으로 부탁하네.

하나님은 어떠한 죄라도 다 용서를 해 주시네.

지금 이 편지를 쓰는 나의 심정은 자네가 다시는 죄를 짓지 않고 올바른 길로 갈 수 있기를, 오직 전능하신 하나님을 붙들기를 바라고 있을 뿐이네.

이제 자네와 내가 서로 하나님 앞에 약속하세.

다시는 하나님을 떠나지 않고 천국 가는 그날까지 예수만 열심히 믿겠다고 약속하세.

기도는 한두 번 하고 응답 없다고 쉬는 것이 아니라 응답받는 그날까지 끈질긴 기도를 드려야 하네.

그리하면 반드시 우리의 기도를 응답해 주실 줄로 믿네.

성경에는 이런 말씀이 쓰여 있네.

1. 너는 내게 부르짖어라 내가 네게 응답하겠고 네가 알지 못하는 크고 비밀한 일을 네게 보이리라.

2. 운명이란 탓하는 사람에겐 짓궂게 굴고 용기 있는 사람에게 길을 열어 준다.

3. 운명은 항상 너를 위하여 보다 더 훌륭한 성공을 준비하고 있는 법이다. 그러므로 오늘 실패한 사람이 내일에 가서는 성공하는 법이다.

4. 불행을 불행으로 끝맺는 사람은 지혜 없는 사람이다. 불행 앞에 우는 사람이 되지 말고 불행을 하나의 출발점으로 이용할 수 있는 사람이 되라.

이 말씀을 읽고 희망과 용기를 가지기 바라네.

L 자네가 하루속히 석방되기를 매일 같이 기도하고 있네.

이번 일을 자신을 뒤돌아보고 하나님 앞에 바로 서는 기회로 알고 앞으로 더 큰 꿈과 비전을 삼는 기회로 삼기 바라네.

제일 중요한 것은 건강일세. 항상 건강에 유의하게. 계속해서 좋은 서신을 띄워 주겠네.

오늘은 이만 줄이네.

항상 하나님의 은총이 함께하시길 진심으로 바라네.

2001.1.03.
안강읍대장 권경식 올림

재판장님에게 보낸 탄원서

L 탄원서

존경하는 재판장님,

바쁘신 업무에 얼마나 수고가 많으십니까.

재판장님을 찾아뵙고 말씀을 드려야 마땅하나 지면으로 탄원서를 드리게 됨을 송구스럽게 생각합니다.

탄원서를 쓰고 있는 저는 현역기갑장교로 10년간 복무하고 안강읍 예비군 읍대장으로 25년간 근무를 했습니다.

35년간 군생활을 마치고 2005년 12월 29일날 정년퇴임을 하였습니다. 군생활을 오랫동안 근무했다고 보국훈장 광복장을 받게 되었습니다. 현재는 국가유공자가 되어서 늘 국가에 감사한 마음을 가지고 살아가고 있습니다. 정년퇴임하는 해에 고향인 안강읍에 사회봉사단체 등대회를 창립하여 현재까지 운용하고 있는 권경식 장로입니다.

저는 안강읍이 고향이고 안강읍에서 자라서 경주고등학교를 졸업했습니다.

지금은 안강제일교회 장로로 시무하고 전국 기독교 강사로 일하고 있습니다.

현재 수감 중인 L을 알게 된 것은 25년 전 예비군 읍대장으로 근무할 때입니다.

경주군 780대대 방위병 근무를 할 때 만나게 되었습니다.

전역 후 한동안 보지 못하다가 어느 날 우연히 다시 만나게 되었습니다.

만나서 그동안에 있었던 일을 알게 되었습니다.

저는 L이 저와 같이 신앙생활을 하면 인생을 올바로 살아갈 수 있으리라는 생각에 안강제일교회에 등록시키고 같이 신앙 생활을 했습니다.

그러던 어느 날 그가 나타나지 않았습니다.

한참 후에 연락이 왔는데 대전교도소에 있다는 한 통의 편지를 받았습니다.

그 후 여러 번 편지를 써서 서로 연락을 했습니다.

3년간 교도소 복역을 마치고 나오는 날 포항식당에서 전도사님과 저와 세 사람이 간절히 기도했습니다.

다시는 죄를 짓지 말라고 당부에 당부를 했습니다.

저는 그에게 내 것이 아니면 가지지 말라고 당부를 했습니다.

그러나 얼마 가지 않아 또 죄를 지어서 교도소에 복역하게 되었습니다.

출소하면서 할머니 한 분과 같이 안강에 왔습니다.

이분은 경기도 평창군 평창읍에 사시는 분인데 L의 교도소 복역 중 후원을 하시고 복역을 마치고 출소하는 날 정착금 100만 원까지 주신 천사 같은 분입니다.

이분은 L만 도운 것이 아니라 수백 명의 죄수자를 도와주신 분입니다.

죄수자들에게 보내고 받은 편지만 수만 통에 달합니다.

이분은 올해 70세가 훨씬 넘은 할머님입니다.

이분이 L을 새사람으로 만들어 보겠다고 기도하고 있습니다.

L은 출소 후 고기를 잡아 생계를 꾸리고 포항중앙교회에서 전도사님을 만나 세례를 받았습니다.

제가 봉사하는 등대회 나와서 집수리 봉사, 무료반찬급식을 전달하는 봉사에 열심으로 동참했습니다.

저는 L이 새사람이 되어서 사회 건전한 시민의 한 사람으로서 살아가는 모습에 정말 기뻤습니다.

그런데 한동안 소식이 없고 사람이 나타나지 않아서 수소문을 해 보니 또 교도소에 수감되어 있다는 사실을 알게 되었습니다.

존경하는 재판장님,

현재 L의 가족은 흩어져 살고 있고 어머님은 노환으로 계십니다.

제가 가장 가슴 아프게 생각하는 것은 70이 훨씬 넘는 이양호 집사님 할머니가 L을 위해서 날마다 기도하고 언제나 L의 소식을 저한테 묻고 있다는 것입니다.

그때마다 L은 이제 새사람이 되어서 열심히 일하고 있으니 걱정하지 말라고 했습니다.

3일 전에도 전화가 와 L의 소식을 묻는데 잘 있다고 말하고 차마 교도소에 있다는 말을 할 수가 없었습니다.

권경식 장로 저 또한 한편으로 많은 회개를 했습니다.

L을 더 가까이에서 사랑으로 돌보아 주지 못한 것에 대해서 죄책감을 통감하고 있습니다.

존경하는 재판장님,

권경식 장로 염치없는 부탁을 드립니다.

이번 한 번 마지막으로 선처를 해 주신다면 L과 봉사 단체를 하면서 한평생 같이 살면서 새사람으로 만들어 다른 사람을 섬기며 사랑하며 살아가는 사람으로 만드는 데 최선을 다하여 노력하겠습니다.

저의 간절한 바람을 저버리지 마시고 들어주시면 저는 남은 생애 헐벗고 병들고 소외된 사람들을 돌보며 살겠습니다.

존경하는 재판장님, 간절한 마음으로 선처를 바랍니다.

2008.12.11.
안강제일교회 권경식 장로 올림

D 탄원서

존경하는 재판장님,

불철주야 업무에 수고가 많습니다.

재판장님을 찾아뵙고 말씀을 드려야 마땅하나 지면으로 탄원서를 드리게 됨을 송구스럽게 생각합니다. 탄원서를 쓰고 있는 저는 금년 63세로서 현역장교로 10년간 복무하고 육군대위로 예편하여 안강읍 예비군 읍대장으로 25년간 근무를 했습니다. 35년간 군생활을 마치고 2005년 12월 29일 정년퇴임을 하였습니다.

군생활을 오래 한 덕분으로 보국훈장 광복장을 받아 현재는 국가 유공자가 되어서 늘 국가에 감사한 마음을 가지고 미력한 힘이지만 저 때문에 살기 좋은 사회가 되고 아름다운 사회가 되었으면 하는 간절한 마음으로 생활하고 있습니다.

저는 지금으로부터 20년 전 제가 살아온 자신을 뒤돌아보고 얼마나 어리석고 잘못된 삶을 살았는지를 느껴 정말 사람답게 살면서 남에게 유익을 주고 희망을 주는 삶을 살겠다고 다짐하면서 술과 담배, 노름, 잘못된 습관을 끊어 버리고 안강제일교회 성도로서 삶을 시작했습니다. 예수 믿고 신앙인이 되었더니 얼마나 즐겁고 기쁜지 많은 사람들에게 예수를 믿고 올바른 사람이 되라고 복음을 전했습니다.

안강읍민들에게 열심히 복음을 전파하여 3170명이 교회에 와

서 복음을 듣게 되었습니다. 이 소식이 대한민국 전 지역에 전
파되어 대한민국 기독교 초유의 전도왕이 되어서 삼천리 방방
곳곳에 다니면서 전국 기독교 강사로 일하고 있습니다. 현재는
안강제일교회 장로로 시무하고 있습니다.

또 2005년 12월 29일 퇴임을 앞두고 안강읍 고향에 사회봉사단
체 등대회를 창립하여 무료반찬급식, 노인복지센터, 공부방을
운용하고 있습니다.

저는 안강읍이 고향이고 안강읍에서 자라서 경주고등학교를
졸업했습니다.

제가 D를 알게 된 것은 지금으로부터 3년 전 무료반찬급식 대
상자를 찾고 있던 중 양월 5리 주민들로부터 어려운 가정을 도
와달라고 요청을 받게 된 것이 계기가 되었습니다. D의 집을
방문해 보니 부인과는 10년 전에 이혼한 상태이고 어린 아들 두
명이 있고 집은 셋방살이에 본인은 막노동을 하면서 어렵게 살
고 있었습니다. 설상가상으로 다리를 다쳐 다리에 핀을 박았는
데 핀을 제거할 수술 치료비가 없어서 다리가 불편하여 노동
을 할 수 없어 기초수급자로 지정되어 생계유지를 하고 있었습
니다.

D를 데리고 병원에 가서 진단을 해 보니 다리에 박힌 핀 제거
수술만 한다면 노동일을 할 수 있다고 말씀하셨습니다. 문제는

수술비가 있어야 합니다. 수술비를 물어보았더니 일백만 원 정도 경비가 소요된다고 했습니다.

수술비를 마련하는 것이 쉬운 일이 아니었습니다. 몇 사람의 독지가를 찾아갔는데도 수술비를 선뜻 대어 주겠다는 사람이 없었습니다.

그러던 중 용기를 내어 안강제일교회 사회부 위원장인 김무위 장로님을 찾아가서 자초지종을 말씀드렸더니 딱한 사정을 아시고 수술비 일백만 원을 지원해 주셔서 2008년도 10월경 포항기독교병원에서 수술을 받았는데 수술이 잘되어 막노동일을 하게 되었습니다.

그러다가 원래 선천적으로 술을 먹지 못하는 체질인데 일을 마치고 동료들과 식사하면서 친구들 권유에 못 이겨 몇 잔을 마시고 귀가 도중 앞차를 받아 사고를 내었습니다.

존경하는 재판장님,

지금 두 아들은 중학교에 입학하여 다니는데 학비가 없어서 시달리고 방세가 일 년 이상 연체되어 집주인으로부터 집을 비우라고 독촉을 받고 있으며, 전기세 및 기타 공과금을 내지 않아 경제적으로 엄청난 고통을 당하고 있습니다.

물질이 없어서 한숨만 쉬고 걱정을 하는 젊은 사람을 보고 외면할 수가 없어서 연필을 들었습니다.

존경하는 재판장님,

D 본인은 자신이 너무나도 잘못했다는 것을 뼈저리게 후회하고 반성하고 있습니다.

현재는 안강제일교회에 등록하여 앞으로 열심히 신앙생활하며 자녀들을 잘 양육하겠다고 다짐을 했습니다.

권경식 장로 염치없는 부탁을 드립니다.

이번 한 번만 선처를 해 주신다면 D와 한평생 같이 신앙생활하며 새사람으로 만들어 다른 사람을 사랑하며 섬기며 사회에 덕을 끼치는 사람으로 만드는 데 최선을 다하여 노력하겠습니다.

저의 간절한 바람을 저버리지 마시고 들어주시면 저는 남은 생애 헐벗고 병들고 소외된 이웃들을 돌보며 살겠습니다.

존경하는 재판장님, 두서없는 글을 올려 죄송스럽게 생각합니다. 간절한 마음으로 한 번만 선처를 부탁드립니다.

2009.8.29.
안강제일교회 권경식 장로 올림

교도소에 온 희망의 편지

권경식 읍대장님께

모든 이들의 가슴을 애타게 태우기만 하던 무더위를 쏟아지는
해갈의 비로 모두 씻어 버린 날 뜻하지 않은 이의 한 통의 서신
이 제게 너무 큰 힘이 되는 날입니다. 뜻밖의 편지 너무나 감사
했습니다. 늘 바쁘게 군인의 복무와, 또 한편으로 독실한 신앙
인으로 살아가시는 모습으로 기억되는 읍대장님, 이상 기온이
라고까지 말하는 이번 더위에 건강 상하시진 않으셨습니까.

사회에 있을 때도 제 친구 김문광이를 통해서 고매하신 인격
익히 들어왔고, 볼 때마다 인사 드리진 못했지만 지나면서 자
주 뵌 걸로 기억됩니다. 읍대장님과 이런 인연으로 서신을 주
고받을 줄은 꿈에도 생각지 못했지만, 이렇듯 부끄러운 곳까
지 용기의 글귀를 주신 것 다시 한번 고개 숙여 감사드리고, 읍
대장 님 말씀처럼 많은 각성과 자기수양으로 죗값을 치르고 떳
떳한 몸으로 꼭 한번 찾아 뵐 것을 약속드립니다. 항상, 언제나,
어디서나 몸 보중하십시오.

중대장님께

안녕하세요.

중대장 님 바쁘신 나날들을 보내고 계신데 이렇게 또 연필을 들고 바쁘신 중대장 님을 귀찮게 합니다. 그간 사모님을 비롯해서 모두들 건강하신지요. 중대장님 염려 덕분에 이곳 생활에 열심히 지내고 있습니다. 이곳 생활을 헛되이 보내지 않으려고 많은 노력을 하고 있습니다. 새봄이면 고시반에 편입하려고 마음을 정하고 있긴 하지만 심사 기준이 많이 힘들어요. 저 같은 경우 나이도 많고 이곳 심사 기준에 많이 미달되는가 봐요. 하지만 열심히 노력하고 있습니다. 제 얘기만 했군요. 중대장 님 전번 수술 이후 건강은 여전하시지요. 여러 가지 부탁드려 정말 죄송합니다. 요사이 저도 성경책 가끔씩 보고 성경 공부 많이 합니다. 이런 책이 있던데요. 성경 알고 믿는가. 제가 보는 책은 3편이에요. 이 책 다 떼고 나면 또 다른 책 볼 거예요, 아마 이것도 주님과의 인연을 확실히 맺어 가기 위함일 텐데 사람의 마음은 간사해서 조금이라도 마음을 단속하지 않으면 또 다른 마음이 생기곤 합니다. 이것이 솔직한 저의 심정입니다. 그래도 열심히 해볼 생각입니다. 이곳에서 생활하며 여러 가지 어려운 사정들이 많겠지만 꼭 극복하고 이번의 일을 전화위복으로 생각하고 앞으로 더욱더 열심히 노력하며 새로운 인생을 설계하며 살아볼까 합니다.

중대장 님도 복음 소식 열심히 전하고 계시지요. 지금 저는 이 글을 쓰면서 중대장 님의 인자한 모습을 한번 생각해 봅니다. 편지를 한번 쓰려고 했는데 잘 되지 않아 이렇게 늦게 글을 올립니다. 아울러 새해에는 꼭 소망하신 모든 것을 이루시고 건강에도 항상 신경 쓰시고요. 이곳 주관이도 항상 밝고 명랑한 생활을 하며 성경공부 열심히 할게요. 그리고 틈나시는 대로 편지나 종종 해주시면 고맙겠습니다.

중대장 님 다음에는 좀 더 유익한 사연으로 중대장 님을 찾아 뵙겠습니다. 이만 줄일게요.

안녕하십니까?

연일 계속되는 폭염의 날씨에 금일도 벅찬 격무에 얼마나 노고
가 많으십니까.

보내주신 편지 감사하게 잘 받았습니다.

분주한 업무 중에 계신 읍대장 님께서 보내주신 한 통의 편지
에 며칠간을 마음 설레며 읽고 마음 깊은 위안을 받았습니다.

오늘 실패한 사람이 내일에 가서는 성공하는 법이요, 불행을
하나의 출발점으로 이용하라 하신 말씀 항상 마음속 깊이 되새
기며 생활하겠습니다.

너무나 뜻밖의 편지를 받고 보니 아직도 어리둥절합니다.

읍대장 님께서 보내주신 글 마음 깊이 간직하며 항상 좋은 사
람이 되도록 인내하며 훌륭한 성공을 준비하는 젊은이가 되겠
습니다.

제가 이곳에 온 지는 두 달이 지나가고 있습니다.

순간의 불찰과 실수로 인하여 평생을 죄인으로 살아야 하는 너
무나 큰 과오를 범하게 되고 보니 어떤 변명으로 어떠한 사죄
와 용서를 구해도 벌을 받아 마땅한 너무나 큰 죄를 저지르고
말았습니다.

이곳에 있으면서 후회와 반성으로 울기도 많이 울며 죗값을 치
르고 있지만 피해자가 입게 된 육체적, 정신적 고통을 생각하

니 하루라도 편안한 날이 없답니다.

이제는 돌이킬 수 없는 죄를 범하였으니 자성하는 마음으로 나가는 그날까지 반성하며 새로운 사람이 되어 사회가 필요로 하는 젊은이가 되고 사회가 바라는 젊은이가 되어 모든 이의 곁으로 돌아가겠습니다.

무엇보다 평생토록 고생만 하시며 젖 먹여 길러주시고 쓴 음식 삼키시고 단 음식만 먹여주시며 더러운 옷과 몸을 씻어주시며 한없는 사랑을 베풀어주시고 복되게 자라라 저희들을 키워주신 어머니께 무릎 꿇어 깊이 사죄드리고 싶습니다.

앞으로 오랫동안 사회와 단절된 생활을 하며 지내야 하지만 모든 것은 저의 너무 큰 과오에서 비롯되었으니 자성하는 마음으로 이제는 뼈를 깎는 고통과 살을 도려내는 아픔으로 다시 한 번 좋은 삶에 도전하는 사람이 되겠습니다.

너무나 보잘것없고 못난 대원이 읍대장님께 두서없는 글 드리게 됨을 진심으로 송구스럽게 생각하며 이만 줄일까 합니다.

항상 건강하시고 평안한 가정이 되시길 바랍니다.

내 시작은 미약하였으나

내 나중은 심히 창대하리라.

할렐루야.

주님의 이름으로 문안드립니다.

심히도 부족하고 무지한 저에게 주님의 사랑으로 이렇게 두 번째 사랑의 서신을 주시오니 진실로 감사의 말씀을 드립니다.

오늘 집사님의 편지를 받아보고 저의 생각이 부족했음을 알았습니다.

다름이 아니고 이재관 형제의 소개로 집사님께서 편지를 주셔서 저는 이재관 형제가 저에 대해서 집사님께 어느 정도는 말씀드리지 않았나 하는 생각 속에 편지 주심에 대한 답장을 드림에 있어서 저의 소개를 안 드렸음을 이해하여 주시길 바라겠습니다.

집사님 저는 고향은 충남 공주이고 사는 곳은 대전입니다. 그리고 나이는 39세. 1961년 2월 3일 생입니다. 그리고 제가 영어의 몸이 된 지는 1987년 7월 31일이고 죄명은 강도살인. 형기는 무기입니다. 이러한 죄인임에도 불구하고 저는 저의 죄를 깨닫지 못하고 교만과 이기심, 아집의 틀 속에 사로잡혀 언젠가 출소하면 다시금 완벽한 범죄를 구상하며 살아왔던 흉악한 죄인이었습니다.

이러한 생활 속에서 인생의 막장이라고 불리우는 이곳에서조차 사고뭉치가 되어 이곳저곳 교도소를 옮겨 다니며 살아가다가 94년 청송제2교도소에서 이곳 대구교도소로 이감을 와서 장기수이기 때문에 교무과를 통해 안강영락교회 여전도회 자매님들과 자매결연을 맺게 됐습니다. 그리고 자매님들과의 한 달에 한 번씩 만나는 영적 교제를 통해 주님 말씀은 많이 들었지만 워낙 사악함에 가득 찬 저의 마음은 꽉 닫혀 차갑기만 했습니다.

그런 마음속에 자매님들과의 만남이 수년 동안 거듭되던 97년 12월 그렇게 차갑고 내가 최고라는 자만과 교만함만 가득했던 제가 안강영락교회 이용우 목사님의 욥기 설교말씀을 듣는 도중 갑자기 제 자신이 그렇게 초라하게 느껴질 수가 없었습니다.

비록 청색 수의를 입고 무기징역을 받고 살지만 누구한테도 꿀리지 않고 나 잘난 맛에 살아온 저인데 내가 왜 이러나 이거 뭔가 이상하다 하는 마음속에 자매님들과 헤어지고 제가 일하고 있는 곳으로 와서 기분전환을 해 보려고 해도 잘 되질 않았습니다. 일을 마치고 방으로 들어왔는데도 그러한 마음은 계속되었습니다.

평소에는 쾌활하고 잘난 척만 하던 제가 갑자기 아무 말도 않고 앉아있으니 주위 동료들이 이상한 눈으로 쳐다보며 어디 아프냐, 안 좋은 일이 있느냐 하는 물음 속에 저는 고개만 저으면서 머리를 떨구고 있는데 갑자기 저의 심령 깊은 곳에서 우러 나오는 생각이 저를 몸서리치게 만들었습니다.

그동안 제가 저의 죄를 알면서도 별로 죄의식을 느끼지 않고 살았는데 그날은 정말 제가 재물을 탐내어 한 생명을 해친 죄 인이구나 하는 생각이 너무도 또렷이 저의 마음에 다가왔습 니다. 그리고 제가 왜 청색 수의를 입었나 하는 것을 깨닫게 됐 습니다.

그 후 저는 미친 듯이 성경을 찾게 되었고 저의 의지와는 다르 게 앉으나 서나 잠자다가도 벌떡 일어나서 무슨 뜻인지도 모르 면서 꾸벅꾸벅 졸면서 성경만 보게 됐습니다.

그러기를 한 달 하나님 아버지께서는 저를 성경공부를 할 수 있는 교리반에 넣어주셨고 여러 가지 신비한 체험을 통하여 살 아계셔서 역사하시는 하나님에 대한 확신과 강건한 믿음 속에 저의 죄에 대한 진실한 회개의 눈물을 펑펑 쏟게 하셨습니다.

집사님 그동안 저에게 주님께서는 분에 넘치는 은혜와 사랑의 보살피심 속에 안강영락교회 목사님을 통하여 통신신학공부 를 할 수 있도록 해주셔서 이제는 하나님 아버지의 신실한 일 꾼이 되고자 주님의 가르치심 속에 신학 공부를 열심히 하고 있습니다. 부족한 저에게 주님 안에서 사랑의 서신을 주심에 다시 한번 감사드립니다. 그리고 집사님의 뜻하심이 주님 안에

서 꼭 이루어지시길 기도드리겠습니다. 항상 집사님의 건강하

심과 행복과 사랑이 충만 가정이 되시길 주님께 기도드리며 난

필의 글을 정서 못 하고 보냄을 용서하시길 바라면서 이만 줄

입니다. 안녕히 계십시오.

사진으로 보는 권경식 장로 일대기

군인 시절, 사회 봉사 그리고 전도 활동

군시절 근무사진 1

군시절 근무사진 2

대통령 포장 수여

KBS 방송국 인터뷰

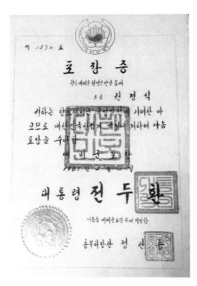

포장증   모범예비군증서

모범예비군 기념촬영

부부기념촬영

훈장증

국가유공자증서

정년퇴임 시 보국 훈장 수여식

정년퇴임 시 부부 기념촬영

예수초청잔치

예수초청전도

경로당전도

소년소녀가장 돕기 1

소년소녀가장 돕기 2

지역 불우한 학생 장학금 전달

불우 방위병 결혼식

축가 부르며

제 463 호

위 촉 장

전 경 식

귀하를 법무부 범죄예방자원
봉사위원 경주지역 협의회위원
으로 위촉합니다

(기간 : 1997. 7. 1. ~ 2000. 6. 30.)

1997년 6월 일

법무부장관

위촉장

범죄예방위원 청소년 상담

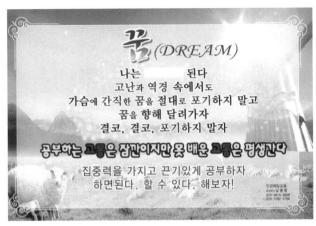

꿈카드 - 교회학교 학생 전도용 활용

사단법인 등 대회 봉사활동 5가지

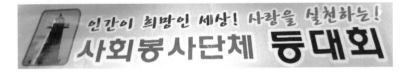

1.독거노인 무료 반찬 급식

2. 저소득층 학생 공부방 운용

3. 노인 자장면 봉사

4. 독거노인 야외 나들이 행사

5. 독거노인 집수리 봉사

발바닥 전도왕 권경식 장로(3170명 전도)

전도부흥회

질병과 재산탕진으로 인생 절망에서 예수님 만나고
전도왕이 되어 인생 역전 드라마를 일으킨
생생한 간증을 통해서 살아계신 하나님을 만나는 자리에
여러분을 초대합니다.

강사 : 권경식 장로

- ✦ 경주 안강 제일교회
- ✦ 한국 초유의 전도왕 (전도주일:3,170명 전도)
- ✦ 전도간증집회 국내외 1300회
- ✦ 불신자 초청 총동원 전도주일 강사 (새생명, 해피데이, 뉴패밀리 축제)
- ✦ CTS 내가매일 기쁘게, CBS 새롭게 하소서 출연 및, 극동방송 엑스포 강사
- ✦ 전도집회 및 전도부흥회 인도
- ✦ 발바닥 전도 책 저자
- ✦ 목사가 감동한 그 때 그 장로 책에 소개
- ✦ 군선교 활동, 1개 중대 복음화 (500명 전도)
- ✦ 현 개인전도 500명 목표 (매주 전도)

일반경력
- ✦ 육군기갑장교 (대위예편 갑종229기) ✦ 예비군 지휘관 (35년 정년퇴임)
- ✦ 국가 유공자 (보국훈장 광복장 수상) ✦ 등·대회 설립 (초대회장)

일시 2014년 1월 12일(주일) 오후 2시, 오후4시
13일(월) 새벽5시, 저녁8시   14일(화) 새벽5시, 저녁8시

장소 : 대한예수교 장로회 **사랑이넘치는교회** 작전시장내 작전2동사무소 건너편

담임목사 : 김 진 호 010-3746-0980

전도부흥회

미담사례

미담 사례1

미담 사례2

미담 사례3

영 남 일 보 1991年9月1日(日曜日)

예비군 安康邑대장
權慶植 씨

民-軍 가교역할맡아 水害복구 앞장

미담 사례4

새[ ]벌 신 문 1997년 5월 2일 금요일 【週刊】

화제

예비군 중대 이웃돕기 앞장 '미담'

예비군 현곡면대 권경식 중대장 남다른 열성

〈권경식씨〉

한 사정을 예비군들에게 소상하게 설명하고 추석모금함을 설치, 7회에 걸쳐 1백여만원의 성금을 집달한 것을 시작으로 매년 소년소녀가장, 독거노인등 1·2명을 선정, 이같은 선

미담 사례5

국 방 일 보 [향토예비군판] 1993년 2월13일 토요일 (4)

住民정성모아 사랑의 獎學金조성
國民과 함께하는 爲民軍像 확립

陰地청소년에 희망·勇氣선사

自律防犯隊운영 고장치안유지

올 수혜대상자 大學生까지 확대

육군강철화랑부대 안강邑隊을 찾아

안강 예비군중대 장학금 전달

9명의 학생에 3백10만원

미담 사례6

경북매일

1999년 4월 19일 월요일

사랑의 편지로 대원격려

향토예비군 안강읍대 권경식 읍대장

"그동안 예비군 훈련 받으시느라 고생이 많았습니다" "생일을 진심으로 축하합니다" "지금 병으로 얼마나 고통을 당하고 있습니까" "지금 수감생활을 얼마나 괴롭게 생활하고 계십니까" 이처럼 읍대소속 예비군들에게 사랑이 담긴 편지를 보내고 있는 읍대장이 있어 화제.

향토예비군 안강읍대 권경식읍대장(예비역대위)은 지역 예비군대원에게 색다른 편지를 발송, 대원들로부터 좋은 반응을 얻고 있다.

군복무 후 당연히 받아야 할 예비군 복무, 하지만 종종 이를 기피하려는 대원들이 있기 마련, 그러나 안강읍대의 경우 지난해 8월 부임한 권읍대장이 지역 1천800여명의 대원에게 사랑의 편지를 보내고 있어 대원들이 훈련에 기피하는 경우가 줄고 있는 한편 대원들로부터 친근한 아버지, 맏형이란 인상을 심어주고 있다.

특히 사회생활중 실수로 교

도소에서 수감생활을 하고 있는 지역대원들에게 힘과 용기를 심어주기 위해 매주 1~2차례에 걸쳐 서신을 왕래하고 있는 것으로 알려지고 있다.

또 대원들의 생일에 맞춰 생일축하 편지와 함께 병마에 고통을 겪고 있는 환자에게 빠른 시일내 완쾌될 수 있도록 기원하는 편지와 함께 명언을 담고 있으며 예비군 훈련시 대원들에게 '안강읍 희망지'를 발간, 훈련 참가하는 대원들에게 맑고 밝은 정신을 갖도록 하는등 정신교육에도 남다른 의욕을 보이고 있는 것으로 알려졌다.

자신이 담당하고 있는 대원들에게 일일이 편지를 보낸다는 사실이 그리 쉽지 않은 가운데 꾸준히 행하고 있는 권읍장은 "앞으로 정년이 5년정도 남았다"며 "미래를 짊어지고 갈 젊은이들에게 정신적으로 힘이 될 수 있도록 남은 인생을 걷도록 하는 한편 남은 여생을 나를 위해서가 아닌 다른 사람을 위해 살겠다"고 작은 소망을 밝혀 다시 한번 따뜻한 마음을 읽을 수 있다.

한편 권읍대장은 지역 향토방위를 위해 한달간 지형정찰을 면밀히 실시, 완벽한 작전계획도를 수립해 놓고 있는 것으로 알려졌다.

〈韓勝敏기자〉

미담 사례7

어려운 이웃들 위한 등대가 되어

안강읍 등대회

안강읍 봉사단체인 등대회(회장 최성식)는 지난 28일 '홀몸, 불우 장애 어르신 가을나들이' 행사를 가졌다.

이날 행사는 안강읍에 살고 있는 생활이 어려운 어르신들을 조금이나마 위로하고자 장애가 있거나 치매 등의 질환으로 나들이가 곤란한 열다섯 분의 어르신들을 모시고 어르신 한분 당 봉사자 한명이 담당이 되어 신라 밀레니엄 파크를 관광했다. <사진>

등대회는 2002년 2월 18일 '무의탁노인 사랑의 집 건립' 봉장 개설을 시작으로 네 사람(권경식, 김제찬, 최경부, 김진섭)이 뜻을 모아 시작한 순수봉사 단체로, 마음과 뜻을 같이하는 이들이 하나둘 모여 현재는 400여명의 회원들이 꾸준히 활동을 하고 있다.

집수리 봉사, 밑반찬 봉사, 추석송편 나누기 등 어르신들을 위한 활동뿐 아니라 생활이 어려운 아동들에게 정기적으로 성금을 전달하며 위로하고 격려하는 등 소외된 계층에 관심을 가지고 지속적인 활동을 해오고 있어 이들의 활동이 더욱 의미가 있다.

이번 가을나들이에 참여한 어르신들은 마을 경로당이나 5일장 구경도 제대로 못할 만큼 거동이 불편한 분들이 많아 단풍이 지천으로 뽐내는 아름다운 가을날에 지역의 새로운 문화를 접할 수 있는 소중한 기회가 됐다.

예비군 대원들에게
생일을 축하하며

예비군 대원에게 보낸 생일축하편지

2001년 생일축하편지

21세기를 맞이하는 첫해, 귀하의 생일을 진심으로 축하드립니다.

귀하의 생일을 축하하는 날 인생을 값있게 살기 위해서 읍대장이 당부 드리는 말씀을 명심하시기를 바랍니다.

인간은 세상에 태어날 때 시간이란 선물을 가지고 태어나 시간과 공간 속에서 살다가 주어진 일생의 시간이 다하면 삶을 마치게 됩니다.

우리의 연수가 칠십이요, 강건하면 팔십이라도 그 연수의 자랑은 수고와 슬픔뿐이요 신속히 가니 우리가 날아가나이다.

인생의 허무함을 고백하고 있듯 인간에게 주어진 시간은 짧습니다.

사람의 평균수명을 70세라고 가정한다면 부모의 슬하에서 15년, 수면시간 20년, 먹고 즐기고 노는 시간 15년, 늙어서 아무것도 못 하는 시간 5년, 그 가운데 TV 보는 데 빼앗기는 시간 8년을 제외하면 일을 제대로 할 수 있는 시간은 7년뿐입니다.

이렇듯 인간은 자신의 생의 1/10정도만 일하다가 삶을 마치게 됩니다.

인생은 연습이 없다. 인생은 왕복표가 없다.

한평생 마음속에 새겨 다니시기를 바랍니다.

인생의 여정에 힘들고 어렵고 잘 풀리지 않는 일이 있습니까?

포기하지 말고 한 번 더 시작해 보십시오.

실패는 있어도 포기는 없다는 신념을 가지고 도전적인 사람이 되시기를 바랍니다.

도전하는 사람만이 성공할 수 있습니다.

우리 주위에는 자신만 잘 먹고 잘 사는 사람이 성공했다는 말을 합니다.

진정으로 성공한 사람은 나 자신이 잘 먹고 잘 사는 것이 아니라, 나보다 못 살고 못 먹는 불우한 이웃을 돌보는 사람입니다.

설령 지금 어려운 경제여건이라 하더라도 적극적인 자세로 임하시면 모든 문제가 풀릴 줄로 믿습니다. 없다고 낙심하지 말고 상황이 어렵다고 포기하지 말고 지금 있는 것을 감사하시기 바랍니다.

항상 감사하는 마음을 가질 때 감사가 넘칩니다.

범사에 감사하는 마음을 가지고 살아갈 때 기적을 체험합니다.

희망찬 21세기에 큰 꿈과 비전을 가지고 달려갈 때 반드시 소원

성취될 줄을 믿습니다.

2001년 한 해도 늘 건강하시며 하나님의 은총이 함께하시길 진

심으로 빕니다.

<명언>

운명은 항상 너를 위하여 보다 더 훌륭한 성공을 준비하고 있다.

그러므로 오늘 실패한 사람이 내일에 가서는 성공하는 법이다.

불행을 불행으로 끝맺는 사람은 지혜 없는 사람이다.

불행 앞에 우는 사람이 되지 말고 불행을 하나의 출발점으로 이용

할 수 있는 사람이 되라!

급히 서두르는 것도 더디게 하는 것도 나쁘다.

만사를 꼭 알맞을 때 행하는 사람만이 현명하다.

2004년 생일축하편지

희망찬 갑신년 새해를 맞이하여 귀하의 생일을 진심으로 축하드립니다.

예비군 지휘관 안강읍대장에 부임한지 어느덧 24년의 세월이 흘렀습니다.

안강읍대장(권경식)은 지금까지 여러분들의 많은 성원과 협조와 도와주심으로 34년간의 군 생활을 하게 된 것을 진심으로 감사를 드립니다.

이제 군 복무기간은 2년밖에 남지 않았습니다.

저는 항상 마음속 깊이 새기고 있는 것이 있습니다. 저를 만나는 사람이 잘되고 행복하고 성공하기를 진심으로 바라는 마음입니다. 얼마 남지 않은 군 생활 유종의 미를 거두기 위해서 최선을 다하는 안강읍대장 될 것을 약속드립니다.

저는 지금까지 인생을 살아오면서 누구든지 깨닫기만 하면 인생이 변화된다는 확신을 가지고 있습니다.

그러나 깨달음이 온다는 것은 쉬운 것이 아닙니다. 자신에게 위기가 왔을 때 비로소 깨달아지는 것입니다. 위기가 곧 좋은 계기가 되어서 일어설 수 있는 기회가 됩니다.

지금으로부터 18년 전 전 술, 담배, 방탕한 생활로 인하여 건강이 나빠져서 안강읍 성 베드로 병원(1986년 3월 19일)에 입원 (2개월)하게 되었습니다. 당뇨, 간, 위가 나쁘다는 진단결과가 나왔습니다. 저는 그 시간부터 술, 담배, 방탕한 생활을 끊었습니다. 지금은 건강하게 살고 있습니다. 지금까지 술, 담배, 방탕한 생활을 계속 했더라면 건강을 잃고 이미 저세상의 사람이 되었을 것입니다.

건강을 잃으면 전부를 잃어버립니다. 건강은 건강할 때 지켜야 합니다. 병들고 난 다음은 이미 때가 늦습니다. 이번 생일은 건강을 회복하시고 남은 생애 희망과 용기를 가지고 승리하시기를 진심으로 빕니다.

자기 자신을 이기는 사람이 세상에서 제일 강한 사람이다.

세상에서 가장 좋은 벗은 나 자신이며 가장 나쁜 벗도 나 자신입니다.

나를 구할 수 있는 가장 큰 힘도 나 자신 속에 있으며 나를 해치는 가장 무서운 칼도 나 자신 속에 있습니다. 이 두 가지 자신 중 어느 것을 쫓느냐에 따라 운명이 결정됩니다.

모든 것이 자신과의 싸움입니다. 저는 삶에서 중요한 것은 다른 사람과 경쟁하는 것이 아니라 내 자신과의 싸움이라는 것을 깨달았습니다. 저는 이 말씀을 가슴 깊이 새기고 있습니다.

남은 될 수 있는 대로 용서하고 자기 자신은 결코 용서하지 말라!

자신과의 약속을 철저히 지키라는 말씀을 한평생 잊지 말아야 합니다.

매일 도전하는 삶으로 자신감을 키워라!

매일의 삶이 늘 신선하고 발전하기 위해서는 도전하는 정신을 가지고 살아야 할 필요가 있습니다. 가장 문제가 되는 것은 모험정신을 보유하는 것입니다. 정신의 양식은 자신감입니다. 매일 자신감이라는 양식을 자신에게 공급하십시오.

세계에서 가장 부자라는 빌 게이츠에게 어떤 기자가 질문했습니다. 대학도 제대로 나오지 않은 사람이 어떻게 세계에서 최고의 갑부가 되었는지 였습니다. 빌 게이츠는 다음과 같이 말했습니다. "나는 날마다 내 자신에게 두 가지 최면을 겁니다. 하나는 '오늘 나에게 행운이 있을 거야'라는 것이며 또 다른 하나는 '나는 뭐든지 할 수 있어'라는 것입니다."

이처럼 항상 자신에게 확신을 심어 주어야 합니다. 자신감이 모험을 할 수 있는 동력을 주는 것입니다.

배움의 중요성을 깊이 깨달아라!

어떤 일이고 간에 중요성을 깨닫지 않으면 관심을 두지 않고 관심이 없으면 실행하지 않습니다. 배움의 중요성을 항상 실감하면서 살아야 합니다. 산다는 것은 곧 배우는 것입니다. 배움이 없는 삶은 참된 삶이 아니고 잘못된 길로 가기 쉽기 때문에 공부를 하는 것입니다. 그러므로 학교 교육이 끝이 났다고 해서 인간의 교육이 끝난 것은 아닙니다. 우리에게 있어서 배운다는 것은 태어나서 죽을 때까지 끊임없이 계속되는 일입니다.

독서를 생활화하라!

하루에 15분간씩 40년 책을 읽으면 1000권의 책을 읽게 되고 1000권의 책을 읽으면 대학을 다섯 번 졸업하는 것과 같습니다.

독서는 처음이 어렵지 습관만 붙이면 필요한 정보와 지식을 얼마든지 얻을 수 있고 이를 통해 자신감을 얻어 공부든 뭐든 다 할 수 있습니다.

무언가 하기로 시작했다면 끝을 보아라! 그렇지 않을 바에는 시작하지 말라!

일이 아무리 어렵고 아무리 오랜 시간이 걸린다고 해도 여름 한철이 다 걸린다 해도 끝까지 싸워 성취하십시오.

길을 찾지 못하면 길을 만드십시오..

어떤 행동은 그 일을 끝냈을 때 가치가 있습니다.

성공한 사람들은 모두 아침에 깨어 있었습니다. 아침의 1시간은 낮의 3시간입니다.

아침을 회복하십시오. 아무리 밤이 즐거워도 아침과 맞바꾸지 말라고 했습니다.

저녁 10시에 주무시고 새벽 5시에 일어나는 아침형 인간이 되어서 승리하시길 진심으로 바랍니다.

시작이 반입니다. 늦었다고 생각할 때가 제일 빠를 때입니다.

다시 한번 시작합시다. 결코! 결코! 결코! 포기하지 맙시다.(never! never! never! give up) 귀하의 생일을 진심으로 축하드리면서 2004년 한 해도 늘 행복하며 건강하시며 하나님의 은총이 함께하시길 진심으로 빕니다.

2005년 생일축하편지

희망찬 을유년 새해를 맞이하여 귀하의 생일을 진심으로 축하드립니다.

생일축하편지를 발송한 지 벌써 25년이란 세월이 흘러 이렇게 마지막 편지를 띄우게 되었습니다.

안강읍대장(권경식)은 지금까지 여러분들의 많은 성원에 힘입어 35년간의 군생활을 하게 된 것을 진심으로 머리 숙여 감사드립니다.

이제 예비군 안강읍대장은 2005년도 12월 31일, 올해로 정년퇴임을 하게 됩니다.

지금까지 도와주시고 성원을 아끼지 않았던 여러분의 마음, 안강읍민 성원을 가슴 깊은 곳에 새겨 영원한 추억으로 간직하겠습니다.

35년간 군생활을 뒤돌아보니 부족하고 잘못하고 시행착오 투성이라고 생각합니다.

잘못한 것은 용서해 주시고, 잘한 것은 격려해 주시고 칭찬해 주시면 감사하겠습니다.

막상 떠나면서 아쉽게 생각하는 것은 더 열심히 여러분들을 사랑하지 못하고 도와주지 못한 것으로 진심으로 죄송하게 생각합니다.

퇴직 후 남은 기간은 고향인 안강을 위해서 열심히 노력할 것을 다짐합니다.

이 자리를 빌어 평생 마음속에 새겨야 할 것들을 소개하고자 합니다.

톨스토이의 세 가지 의문

톨스토이는 세 가지 의문이 있었습니다.

첫째, 이 세상에서 가장 중요한 시간은 언제인가?

둘째, 이 세상에서 가장 중요한 사람은 누구인가?

셋째, 이 세상에서 가장 중요한 일은 무엇인가?

그 답은 이렇습니다. 가장 중요한 시간은 현재 시간이고, 가장 중요한 사람은 지금 내가 대하고 있는 사람이고, 가장 중요한 일은 지금 내 곁에 있는 사람에게 선을 행하는 일입니다.

인간은 이를 위해서 세상에 온 것입니다. 그러므로 당신은 날마다 그때그때 그곳에서 만나는 사람에게 사랑과 선을 다해야 합니다.

지연작전은 우리를 실패케 하는 원천이 된다

우리는 모두 성공하기를 원하는데 이 성공은 행동할 때 오는 것이지 가만히 있는 사람들에게는 그냥 지나가고 맙니다.

다시 말하면 성공의 기회는 잡는 사람에게만 주어지는 것입니다. 그러면 기회란 무엇인가?

기회란 새로운 가능성이 열리는 순간을 말하는데 그때 중요한 것은 빠른 선택입니다.

따라서 중요한 것은 결단입니다. 그런데 이것을 방해하는 장애물이 있는데 그중에 지연작전이 바로 우리를 실패케 하는 원인이 됩니다.

세상에는 해 보고 실패하는 사람보다 해 보지도 못하고 실패하는 사람이 훨씬 더 많다.

지연하다가 늦게 되고 늦은 뒤에 후회하는 것입니다. 실패자는 지연하다기 못 하여 핑계를 대는 것입니다. 성공하려면 망설이지 말고 머뭇거리지 말아라. 흐지부지하지 말아야 하고 기다리지 말아야 합니다.

헬렌 켈러는 항상 이렇게 말했습니다.

"볼 수 있을 때 많은 것을 보고 일할 수 있을 때 열심히 사십시오. 보고 듣고 말할 수 있는 능력을 주신 하나님께 감사하십시오."

안강읍대 예비군 여러분, 우리 인생을 한번 뒤돌아보십시오. 우리가 세상에 태어날 때 아무것도 가지지 않고 빈손으로 왔습니다. 그런데 우리는 지금 얼마나 많은 것을 가지고 있습니까? 그런데 우리는 욕심을 부리고 있습니다. 우리 주위에 어렵고 힘든 사람이 얼마나 있는가를 확인해 볼 때입니다.

작은 것이지만 나누어 줄 때 즐겁고 기쁜 마음이 생깁니다. 진정한 행복은 많이 가지고 있어서 생기는 것이 아니라, 가진 것에 만족할 때 생깁니다. 인생은 빈손으로 왔다가 빈손으로 간다는 것을 깨닫고 살아 있을 동안 남에게 나누어 주는 지혜로운 안강읍대 예비군 대원들 되어서 이사회를 훈훈하게 만드는 역군이 되기를 진심으로 빕니다.

2005년도 한 해도 늘 행복하며 간깅하시며 하나님의 은총이 함께하시길 진심으로 바라겠습니다

예비군 대원 생일축하 편지 첨부글

존경받는 사람이 되기 위한 다섯 가지

첫째: 목숨이 붙어 있는 한 전력을 다하여 인생을 살아간다.

둘째: 다른 사람을 깎아내리거나 욕이 되는 말과 행동을 안 한다.

셋째: 복수심에 의한 말이나 행동을 삼간다.

넷째: 걱정거리가 되거나 후에 부끄러움을 당할 소지가 있는 말을 하지 않는다.

다섯째: 모든 시간을 창조적이며 건설적으로 사용한다.

당신의 꿈을 이룰 수 있는 "8가지 성공법칙"

사람은 누구에게나 꿈이 있습니다. 그러나 모든 사람이 꿈을 이루는 것은 아닙니다. 여기 당신의 꿈을 이룰 수 있는 여덟 가지 법칙이 있습니다.

1. "나도 할 수 있다."는 생각으로 새롭게 시작하십시오.

당신에게는 무궁무진한 잠재력이 있다는 것을 기억하십시오. 목표한 일이 불가능해 보이더라도 오히려 "그것은 가능해." 하는 생각을 거듭하십시오. 적극적인 사고방식은 위대한 창조의 원동력입니다.

2. 당신의 목표를 마음의 소원과 일치시키십시오.

이미 결정한 목표가 마음이 원하는 것과 전혀 다른 것이라면 지금 곧 목표를 수정하십시오.

3. 부정적인 생각을 버려야 합니다.

"나는 안 돼." "할 수 없어." "나 같은 게."라는 소리가 들려오거든 "이전의 나는 무능했지. 그러나 이제는 달라. 새사람이 되었다."고 응답하십시오.

4. 언제나 긍정적인 말을 매일같이 반복하십시오.

"나는 성장하고 있다." "나도 성공할 수 있다." "해낼 수 있고말고."라고 다짐하는 말을 합시다. 말은 힘과 용기를 더하는 영양소입니다.

5. 대가를 지불하십시오.

진정한 성공은 땀과 수고를 통해서만 완성됩니다. 심는 대로 거두는 법입니다.

6. 문제가 생기고 어려움이 닥쳐도 낙심하거나 포기하지 맙시다.

일곱 번 넘어져도 여덟 번 일어선다는 용기와 신념을 가집시다.

7. 될 수 있는 대로 꿈을 크게 가지십시오.

꿈꾸는 데는 수고도 돈도 필요치 않습니다. 그 큰 꿈을 하나님의

품으로 가져가십시오. 사람에게는 불가능한 일도 하나님께는 아
주 쉬운 일입니다.

8. 모든 일을 감사하십시오.
그리고 기회라고 생각하십시오.

행복한 부부가 되는 10가지 비결

남편의 십계명
1. 결혼 전과 신혼 초에 보였던 관심과 사랑이 변치 않도록 노력
   해라.
2. 결혼기념일과 아내의 생일을 잊지 말라.
3. 평소 아내의 옷차림과 외모에 관심을 보여라. 남편은 사랑스
   러움을 가꾸는 정원사라는 것을 알아야 한다.
4. 아내가 만든 음식에 대해 말이나 행동으로 아내에 대한 감사
   를 표시한다.
5. 모든 일을 아내와 의논하고 결정하는 습관을 길러라. 결혼의
   행복이란 부부간의 사랑보다도 평소에 부부가 얼마나 많은 대
   화를 나누는가에 달려 있다.
6. 아내의 마음에 상처를 주는 농담이나 행동을 삼가라.
7. 가정불화가 있을 때 남편은 한 걸음 아내에게 양보하라. 아내
   의 매력이 사랑스러움이라면 남편의 매력은 너그러움이다.

8. 가정경제는 아내에게 일임하여 아내가 보람을 갖게 하라.

9. 아내의 개성과 취미를 존중해 주고, 키워 주도록 하라.

10. 하루에 두 번 이상 아내의 좋은 점을 발견하여 즉시 일러줌으로써 아내에게 기쁨을 주는 습관을 길러라.

아내의 십계명

1. 자기 자신과 가정을 아름답게 꾸밀 줄 아는 재치와 근면성을 길러라.

2. 음식 준비에 정성을 기울이고, 남편의 식성에 유의하라. 식탁은 가정의 화목을 도모하고, 대화를 나누는 친교의 광장이며, 하루의 피로를 풀고, 내일을 꿈꾸는 희망의 산실이다.

3. 혼자만 말하지 말라. 남편이 말할 기회를 주지 않아 부부가 충돌하는 경우가 의외로 많다.

4. 남들 앞에서 남편의 결점을 늘어놓거나 지나친 자랑을 하지 말라.

5. 남편에게 따져야 할 말이 있을 때는 그의 기분 상태를 참작하라.

6. 남편에게는 혼자만의 정신적 휴식시간을 갖고 싶어 하는 심리가 있음을 잊지 말라.

7. 중요한 집안일을 결정할 시에는 남편의 뜻에 따르라.

8. 남편의 수입에 맞춰 절도 있는 살림을 꾸려 나가도록 하라.

9. 모든 일에 참을성을 가져라.

10. 하루에 두 번 이상 남편의 좋은 점을 발견하고, 지적해 줌으로써 남편이 기쁨과 긍지를 갖도록 하라.

말 한마디

부주의한 말 한마디가 싸움의 불씨가 되고 잔인한 말 한마디가 삶을 파괴합니다.

쓰디쓴 말 한마디가 증오의 씨를 뿌리고 무례한 말 한마디가 사랑의 불을 끕니다.

은혜스러운 말 한마디가 길을 평탄케 하고 즐거운 말 한마디가 하루를 빛나게 합니다.

때에 맞는 말 한마디가 건강을 풀어 주고 사랑의 말 한마디가 병을 낫게 하고 축복을 줍니다.

끝맺는 말

존경하는 크리스천 여러분 진심으로 사랑하고 축복합니다.

이 책을 읽으신 애독자 여러분 마음속에 천하보다 귀한 영혼을 구원하는 마음이 불길같이 일어나기를 기도합니다.

오직 성령이 너희에게 임하시면 너희가 권능을 받고
예루살렘과 온 유대와 사마리아 땅 끝까지 이르러
내 증인이 되리라 하시니라.(사도행전 1;8)

예수님이 우리에게 당부하신 땅끝까지 복음을 전하라는 말씀은 지상 명령인 동시에 유언입니다. 명령받은 것은 해도 되고 안 해도 되는 것이 아니라 반드시 행동으로 실천하고 지켜야 합니다. 주님이 우리에게 주신 사명은 복음을 전하고 전도하는 사명입니다.

우리의 사명은 전도입니다. 나의 사명도 전도입니다.

이르시되 우리가 다른 가까운 마을들로 가자. 거기서도 전도하리니
내가 이를 위하여 왔노라 하시고 이에 온 갈릴리에 다니시며 그들의

여러 회당에서 전도하시고 또 귀신들을 내쫓으시더라.(막1;38-39)

예수님도 전도하려 이 땅에 오셔서 우리를 구원시켜 주셨습니다.

이 사명이 우리의 각자의 사명이고 교회의 본질입니다.

교회의 본질은 전도하고 선교하고 구제하는 일입니다.

오늘날 한국교회가 힘을 잃고 갈등과 분열이 일어나는 원인은 본질의 사명을 잊어버리고 신앙생활을 하고 있기 때문입니다.

전국에 계시는 애독자 여러분, 이제 우리는 주님이 주신 사명을 감당하리라 다시 한번 마음에 결단결심을 하셔야 합니다. 우리교회를 부흥 발전시키는 주역이 다른 사람이 아니라 내가 되어야겠다고 결단 결심하는 시간을 가질 줄로 믿습니다.

부족한 권경식 장로 여러분들이 불러 주시면 어디든지 달려가서 복음을 전하겠습니다.

특히 작은 교회 목회자님들과 성도님들이 불러 주시면 우선순위로 달려가겠습니다.

너는 말씀을 전파하라 때를 얻든지 못 얻든지
항상 힘쓰라.(디모데후서4;2)

때를 얻든지 못 얻든지 날마다 복음을 전할 때 한국교회 부흥의 불길이 일어날 줄로 믿습니다.

눈물을 흘리며 씨를 뿌리는 자는 기쁨으로 거두리로다.
울며 씨를 뿌리러 나가는 자는 반드시 기쁨으로 그 곡식 단을 가지고
돌아오리로다.(시편126편5-6)

주님 부르시는 날까지 날마다 최선을 다해 복음 전하다가 주님 앞에 서는 날 잘했다 칭찬받는 종들이 되기를 기도합니다.

저 권경식 장로는 하나님의 뜻이 있고 길이 있는 곳에는 어디든 찾아가 하나님의 말씀을 전하고자 합니다. 성도님이나 교회에서 전도 집회나 부흥회 강사로 초청해 주신다면 꼭 찾아가 귀한 인연 나눌 수 있도록 최선을 다하겠습니다. 망설이지 말고 연락해 주시길 바랍니다. 모든 이들의 안녕과 평안을 빕니다.

☎: 010-4522-2542
e-mail: caleb47@hanmail.net